GERENCIAMENTO DAS PARTES INTERESSADAS

Série de Livros da Escritório de Projetos

escritoriodeprojetos.com.br

GERENCIAMENTO DAS PARTES INTERESSADAS

Como engajar as pessoas em seus projetos

Baseado na 6ª Edição do Guia PMBOK®

EDUARDO MONTES, PMP
FATIMA PATZ, PMP

Copyright © 2017 Eduardo Montes, Fatima Patz

Todos os direitos reservados. A reprodução não autorizada desta publicação, no todo ou em parte, constitui violação do *copyright* (Lei nº 9.610/98).

1ª Edição, 2017. Versão 1.17 em 15/04/2018

ISBN: 978-1-985311-44-2

Publicado por CreateSpace Independent Publishing Platform

Impresso nos USA/ Columbia, SC

Considerando o nível de especialização e experiência dos profissionais Eduardo Montes e Fatima Patz, a obra sobre Gerenciamento das Partes Interessadas não poderia ser diferente: atualizada, densa de conceitos e teorias, porém com um enfoque prático que complementa o Guia PMBOK de maneira didática e abrangente. Exemplo disso é o capítulo Gestão de Mudanças Organizacionais, quando os autores evidenciam ter uma expertise ímpar na área. Os exemplos que ilustram a obra dão sustentação às teorias apresentadas com simplicidade e efetividade, por isso, este livro é recomendado a profissionais e estudantes da área de gerenciamento de projetos.

Prof. Dr. Armando Terribili Filho, PMP – pós-doutor em Metodologias de Gerenciamento de Projetos, autor de vários livros na área, com publicações internacionais. Diretor e consultor da Impariamo de Curitiba (PR).

Este é um livro que cumpre o prometido: gerenciar as partes interessadas na realização de um projeto. Os autores nos guiam, passo a passo, nesta difícil jornada da formação e coesão de uma equipe. Pessoas são únicas, ideias são múltiplas, interesses são distintos, mas deve haver um consenso para o parto de um projeto sadio. O texto lida com os conflitos de uma maneira estimulante e transparente, esmiúça os possíveis desafios, dá dicas de como trabalhar em equipe, exemplos práticos e exercícios. Enfim, um livro que deve ser lido!

João Eduardo Mendonça Vilela - Médico psiquiatra Doutor em Ciências da Saúde pela UFMG.

Engajar as pessoas que estão com você no projeto não é uma tarefa fácil, mas o livro veio para nos auxiliar de forma simples e prática. Recomendo como livro de referência.

Tatiana Fragoso - Assistente de Projetos & Membro do GP Board

Sumário

Prefácio 1
1   Introdução 5
    Por que engajar as pessoas em seus projetos? 5
    Como engajar as pessoas em seus projetos? 6
    Como lidar com as pessoas resistentes ao projeto? 7

PARTE I   OS FUNDAMENTOS 9

2   Fundamentos 11
    Quem são as partes interessadas? 11
    Por que precisamos gerenciar as partes interessadas? 12
    Quem são as partes interessadas mais importantes para seu projeto?
.... 15
    Nível de Engajamento 16
    Quais são os interesses das partes interessadas? 18
    Quem são as partes interessadas mais críticas? 19
    O que é gerenciar as partes interessadas? 20
    Quais são os fatores críticos de sucesso na gestão das partes interessadas? 21

PARTE II   PASSO A PASSO 25

3   Passo a Passo 27
    Identificar as partes interessadas 28
    Planejar o engajamento das partes interessadas 47
    Gerenciar o engajamento das partes interessadas 55
    Monitorar o engajamento das partes interessadas 67

PARTE III   AS MUDANÇAS E OS CONFLITOS 77

4   Lidando com Conflitos 79

O que é conflito?..79

Como as empresas, lideranças e pessoas convivem com o conflito?..81

Como os conflitos se desenvolvem?..83

Quais recursos disponíveis para auxiliar a liderança?........................84

O que é falar com autenticidade? Será que falarmos tudo o que pensamos é ser autêntico?...85

Falar de sentimento é demonstração de fraqueza e vulnerabilidade? 88

Necessidade: A chave para o campo de possibilidades.....................92

Fazendo acordos sustentáveis..95

Dicas de Ouro 98

5 *Gestão de Mudanças Organizacionais* *103*

Projetos e Mudanças: uma questão de alinhamento estratégico.....103

O que é Gestão de Mudanças Organizacionais?................................104

Como gerenciar a absorção da mudança na organização para concretizar as metas de negócio?..107

A curva da mudança...111

Comunicação com as partes interessadas...115

A Cultura Corporativa e a mudança...120

6 *Conclusão*...*125*

7 *Sua vez de participar* *127*

Use o *KIT* de Partes Interessadas...127

Use em seus projetos 129

Use o *CheckList* Partes Interessadas 131

Sessão Cinema para reforçar o aprendizado....................................131

Caso Vanderlei Cordeiro de Lima em Atenas 132

Brainstorming para identificar as partes interessadas do seu projeto 133

Construindo um Plano de Engajamento 134

Preparando-se para uma conversa difícil com um gerente funcional 135

Preparando-se para lidar com uma situação de conflito na sua equipe 136

Considerações finais..136

8   Q&A *137*

Identificar as partes interessadas & Planejar o engajamento das partes interessadas..137

Gerenciar e Monitorar o engajamento das partes interessadas.......145

9   *Recursos adicionais* *151*

Ferramentas das partes interessadas 151

Modelos/*Templates* de Gerenciamento de Projetos........................152

Exemplos das principais saídas dos processos de gerenciamento das partes interessadas: 152

Processos Gerenciamento das partes interessadas do Guia PMBOK® 6ª Ed. 152

Tabela das saídas dos processos de gerenciamento das partes interessadas com seus *templates*/modelos e exemplos 154

Mudanças da 5ª para a 6ª Edição do Guia PMBOK®......................155

Processos Gerenciamento das partes interessadas da 5ª Edição do Guia PMBOK® 155

Apêndice *157*

Índice das Tabelas 157

Índice das Figuras...159

Índice Remissivo 161

Referências 163

Os Autores 166

Agradecimentos 168

Notas e *Hyperlinks* do *site* utilizados no Livro................................170

Prefácio

O livro <u>Gerenciamento das Partes Interessadas: Como engajar as pessoas em seus projetos</u> explica como identificar as pessoas envolvidas em seu projeto, priorizá-las e desenvolver estratégias para quebrar suas resistências e aumentar seu apoio, e também como executar essas estratégias e monitorar essas pessoas de modo a garantir seu comprometimento em todo o projeto.

O livro não pode ser considerado um livro convencional e, sim, um guia para conseguir o envolvimento das pessoas em suas iniciativas baseando-se em soluções gratuitas, testadas, validadas e aperfeiçoadas em projetos ao longo de mais de 10 anos, 24 horas/dia e 7 dias/semana por mim, pelos meus clientes e associados, e por mais de 70.000 usuários que visitam o *site* todo mês.[1]

Ele também pode ser utilizado como referência para cursos de Gerenciamento das Partes Interessadas do Projeto.

Para trazer-lhe o melhor livro e as melhores soluções para engajar as pessoas em seus projetos, selecionei o melhor da <u>escritoriodeprojetos.com.br</u> sobre gerenciamento das partes interessadas e uma das melhores especialistas no tema do mercado, Fatima Patz, além de usar como referência principal, a recém-lançada Sexta Edição do Guia PMBOK® (PMI®, 2017).

Este é o segundo de uma série de 11 livros; o inicial aborda a <u>Introdução ao Gerenciamento de Projetos</u> e os demais são exemplares dedicados a cada área de conhecimento em projetos.

A série foi criada para capacitar você a ter sucesso em seus projetos, ou seja, ensinar você a transformar seus sonhos em realidade e a alcançar seus objetivos através de projetos bem planejados e executados.

O livro está estruturado de modo a facilitar sua leitura e a aplicação do conteúdo disponibilizado. A estrutura é composta por:

- Prefácio: O porquê do livro, como é organizado e como tirar o melhor proveito dele;
- Introdução: Questões endereçadas (o problema a ser solucionado);

- Parte I: Os fundamentos
    - Conceitos iniciais e respostas às questões essenciais para lidar com as pessoas em seu projeto;
    - Veja as questões endereçadas no capítulo de Introdução e consulte os fundamentos conforme sua necessidade;
- Parte II: Passo a Passo
    - Passos necessários para engajar as pessoas em seu projeto, do início até o seu encerramento, com base no Guia PMBOK® Sexta Edição. (PMI®, 2017);
- Parte III: As mudanças e os conflitos
    - Como lidar com conflitos de diversas naturezas e entender o relacionamento do projeto com as mudanças organizacionais que ele provoca e como estão sendo tratadas;
- Conclusão: revisão e resumo dos principais pontos sobre como engajar as pessoas em seus projetos;
- Sua vez de participar: para tornar a leitura mais dinâmica e facilitar seu aprendizado, foram usados casos reais e dinâmicas descrevendo o que você deve fazer para obter êxito, e os erros mais comuns repetidos diariamente em várias organizações, para você evitá-los. E mais importante que aprender é aplicar. Conforme for lendo o livro, aplique os conhecimentos adquiridos em seus projetos ou ainda no seu dia a dia através das dinâmicas propostas nesse capítulo;
- Q&A: composta pela seleção das melhores questões de alunos do curso de Gerenciamento das partes interessadas;
- Recursos adicionais: resumo com as soluções do escritório de projetos, *templates*, ferramentas e informações adicionais para ajudá-lo a envolver as pessoas em seus projetos.

E, por último, para garantir que suas dúvidas sejam esclarecidas e para agregar mais valor à sua leitura, criei especialmente para você:

- *Kit* denominado *Kit* Partes Interessadas, contendo todas as soluções, exemplos, *templates* citados no livro para agilizar seu aprendizado e aumentar a chance de sucesso de engajar as

pessoas em seu projeto. O *Kit* contém arquivos incluindo Ferramentas, Exemplos de Projetos Modelos, Planilhas;
- Grupo de interesse chamado *Kit* Partes Interessadas para esclarecer todas as suas dúvidas relacionadas ao livro e ao *Kit*. Você poderá também trocar experiências com outros leitores, participar de eventos, compartilhar suas conquistas, solicitar melhorias nas soluções existentes etc.;

Saiba como obter o *KIT* e participar do grupo. [2]

Entre em contato caso tenha alguma sugestão ou crítica sobre o livro e as soluções apresentadas.

Eduardo Montes, PMP
eduardo@escritoriodeprojetos.com.br
Seu **feedback** *é crucial para me ajudar a ajudar você.*

4 Gerenciamento das partes interessadas

1 Introdução

> Engajado:
> Que aderiu a uma causa, envolvendo-se:
> 1 envolvido, comprometido, implicado, entregue, enredado.
> Que se dedica afincadamente:
> 2 dedicado, empenhado, esforçado, aplicado, desvelado.
> sinonimos.com.br/engajado/ acessado em 24/10/2017.

Já imaginou se todas as pessoas envolvidas em nossos projetos estivessem engajadas nos seus objetivos? Com certeza, a maioria avassaladora dos projetos atingiria seus intentos. Entretanto, sabemos que não existe fórmula de sucesso para garantir que todos os envolvidos apoiem o projeto, pois, possivelmente, haverá conflito de interesses entre eles.

Orientar você a conseguir o envolvimento efetivo das pessoas em seus projetos e a lidar com eventuais resistências das pessoas é a grande motivação do livro.

O direcionamento no desenvolvimento do conteúdo o livro busca responder as questões abaixo.

Por que engajar as pessoas em seus projetos?

Não engajar as pessoas em seus projetos é similar a trilhar seu caminho sozinho. Sem a ajuda de alguém, é praticamente impossível alcançar grandes realizações.

Comece a reflexão pela sua equipe, se alguém claramente demonstra não estar interessado no projeto, você não terá seu apoio integral e dificilmente poderá contar com seu comprometimento.

Como na história da construção da catedral: eram três pessoas trabalhando na obra, perguntou-se para cada uma delas o que ela estava fazendo. A primeira respondeu assentando tijolos, a segunda pessoa disse erguendo uma parede e a terceira disse construindo uma catedral. Quem está assentando tijolos não está comprometido sequer com a retidão da parede sendo erguida. Aquele que ergue uma parede cuida para que ela seja reta, no entanto não relaciona seu trabalho com o resto do trabalho que está sendo construído. Quem sabe que faz uma catedral percebe o todo sendo elaborado, tem muito mais senso de propriedade e responsabilidade no resultado final, disposição de trabalho em equipe e colaboração. Mobilizar a construção da catedral é um dos desafios do gerente de projeto.

Quando se busca a participação de pessoas no projeto, direta ou indiretamente, devemos levá-las ao compromisso com a causa que o projeto está defendendo, espera-se delas boa vontade, perseverança e intenção de participar. Projetos normalmente demandam ações que estão além daquilo que está escrito num plano. Nestas situações, é importante que a equipe e todos os envolvidos façam as escolhas para além de si mesmos, entendendo a motivação que impulsiona o resultado do projeto.

O produto do projeto é o objetivo final de um empreendimento; deve-se focar o olhar na visão de futuro que ele traz, vislumbrando como ele será utilizado a favor de várias outras pessoas que irão se beneficiar de seus resultados.

Conduzir o projeto de modo a manter este ânimo durante todo o trajeto que ele irá percorrer é o objetivo da gestão das partes envolvidas.

Como engajar as pessoas em seus projetos?

Para entender melhor como engajar as pessoas em seus projetos, o primeiro passo é saber quem são as partes interessadas, por que elas são importantes no seu projeto, entender seus possíveis interesses. Quais os cuidados devem ser observados nesta identificação e análise? Estes pontos são explicados na PARTE I – OS FUNDAMENTOS.

Na PARTE II – PASSO A PASSO serão detalhados os processos e as atividades necessárias para garantir o engajamento das partes interessadas, apresentadas de forma resumida abaixo:

1. Identificar as partes interessadas;
2. Priorizá-las conforme seu nível de envolvimento;
3. Avaliar as melhores estratégias para mobilizá-las de forma efetiva;

4. Executar as estratégias;
5. Monitorar as partes interessadas verificando mudanças nos níveis de engajamento e na priorização das partes interessadas;
6. Adaptar as estratégias sempre que necessário ao longo de todo o projeto.

Como lidar com as pessoas resistentes ao projeto?

Por mais alinhado que seu projeto esteja com a estratégia da organização, provavelmente existirão pessoas resistentes às mudanças necessárias. Resistência normalmente gerada por conflitos de interesses individuais ou coletivos, por receio do desconhecido, por medo de perder o controle, ou até por desinformação. Num projeto grande existem muitas imagens do projeto, possivelmente diferentes, construídas nas mentes das pessoas que fazem parte da iniciativa; alinhar a expectativa dos envolvidos e participantes trazendo estas imagens para mais perto da realidade é um trabalho incessante a ser desenvolvido pelo gerente e pela equipe do projeto.

Na PARTE III - AS MUDANÇAS E OS CONFLITOS, será abordado como lidar com conflitos de diversas naturezas, ressaltando as possibilidades e riscos que existem na forma como tratamos as divergências. Apresenta-se uma nova proposta de comunicação que ajuda em conversas difíceis. Outro aspecto relevante na condução de projetos nos dias atuais é o relacionamento do projeto com as mudanças organizacionais que ele provoca, como a cultura de uma empresa, área ou até equipe pode influenciar no andamento e resultados a serem obtidos, propondo caminhos de como estas questões podem ser tratadas.

Nos passos abaixo, descritos na PARTE II - PASSO A PASSO, também serão detalhadas as atividades necessárias para lidar com as pessoas identificadas como resistentes:

1. Identificar as partes interessadas resistentes;
2. Priorizá-las com base em critérios de acordo com seu projeto;
3. Avaliar estratégias para transformá-las de resistentes em apoiadoras;
4. Quando não for possível, avaliar estratégias para:
    a. Reduzir sua resistência;
    b. Reduzir sua influência ou poder no projeto;
5. Executar as estratégias;

6. Monitorar o engajamento das partes interessadas verificando se pessoas engajadas ou neutras não estão ficando resistentes;
7. Adaptar as estratégias se necessário ao longo de todo o projeto.

Concluindo a proposta do livro é um caminho com muitas trilhas para o envolvimento das pessoas, mostrando os desafios e trazendo recursos para ajudá-lo a mover aqueles que participam do projeto de uma situação atual para um modelo futuro desenhado para atender diversas necessidades, atingindo metas e resultados para crescimento da empresa e das diversas pessoas que com ela se relacionam.

PARTE I

OS FUNDAMENTOS

2 Fundamentos

Quem são as partes interessadas?

Partes interessadas		
Interesses afetados pelo projeto	Nível de engajamento • Apoiador • Neutro • Resistente	• Clientes • Patrocinador • Equipe • Gerente de Projetos • PMO • ...

Figura 2.1 Partes interessadas

As partes interessadas (também conhecidas pelo termo inglês, *stakeholders*) são os indivíduos e as organizações ativamente envolvidos no projeto, ou seja, quem se interessa por ele.

Podem ser positivamente ou negativamente afetados com a sua execução e podem influenciar o projeto e/ou seu resultado.

O projeto irá atender necessidades das partes interessadas e elas, por sua vez, são responsáveis por desempenhar o papel acordado para atender o objetivo do projeto.

Por exemplo, os integrantes da equipe contratada para trabalhar no seu projeto. Eles receberão uma remuneração pelos serviços prestados e, portanto, serão beneficiados, podem ter outros interesses como aprendizado, carreira e atender necessidades pessoais de estabilidade financeira. Em contrapartida, a sua motivação afetará a qualidade dos serviços prestados que impactará diretamente nos resultados do projeto. O Gestor Funcional de uma área de negócios pode ser beneficiado com o projeto pela redução de retrabalho, por permitir que sua equipe desenvolva outras atividades, pode ter uma possibilidade de melhoria na carreira na empresa, outros podem perceber esta mesma redução de trabalho como possível perda de poder, cada qual irá atuar no projeto de acordo com o nível de impacto que perceber e exercerá seu poder e influência a favor ou contra o projeto na medida desta percepção.

Por que precisamos gerenciar as partes interessadas?

Considere um projeto que cria uma nova ferramenta de vendas, que introduz uma abordagem diferenciada para atender as necessidades do cliente, de modo a aumentar a participação da empresa no mercado consumidor. Supondo que a ferramenta seja concluída no prazo, dentro do orçamento e segundo os requisitos originais, seria considerada um sucesso. No entanto, se a força de vendas não a utilizar de acordo com os critérios, princípios e estratégia para os quais foi desenhada, muito provavelmente não serão atingidas as metas de negócio planejadas.

No princípio dos tempos do gerenciamento de projetos, sucesso de projeto era o tripé "prazo, custo e escopo". Com o amadurecimento da prática, acrescentou-se o quesito qualidade nestes indicadores. Pesquisas recentes do PMI no seu Relatório Pulse de fevereiro de 2017 (Pulse of Profession, 2017), indicam que as organizações de alta *performance* vinculam o sucesso dos projetos ao cumprimento dos objetivos estratégicos para o qual foram criados.

O relatório cita os seguintes pontos críticos de sucesso:

- Alinhamento dos objetivos do projeto com os objetivos de negócio;
- Gestão das partes envolvidas de modo que elas entendam e se comprometam com a estratégia traçada (importante que elas se sintam parte do que está sendo construído).

Sabemos que a maioria dos projetos acontece dentro de um ambiente operacional de negócios que não pode ser interrompido. Eles são conduzidos por pessoas que geralmente fazem parte da organização e conhecem sua cultura, dividindo seu tempo e atenção entre seu dia a dia e o projeto. No entanto, muitas organizações isolam projetos, como se eles ocorressem separados da empresa. Existem razões estratégicas para esta ação, no entanto, quando isso acontece, os gerentes de projeto e os gerentes de negócio tendem a desconectar a realidade do dia a dia daquela que está sendo construída no projeto. Tanto com o projeto quanto com a organização, podem ocorrer mudanças em práticas que são cruciais para manter a estrutura, a cultura e a estratégia empresarial, que se não forem administradas causarão impacto na operação da empresa. Portanto, a gestão do projeto deve estar atenta na integração do projeto com a organização e sua cultura. Isso exige envolvimento de diversos grupos participantes da organização.

Adiciona-se o fato de que os ambientes organizacionais estão cada vez mais complexos. Conforme pesquisa realizada pelo PMI no Relatório Pulso da Profissão (Pulse of Profession, 2013), foram identificadas várias características comuns em projetos complexos, sendo que se destaca a presença de múltiplas partes interessadas.

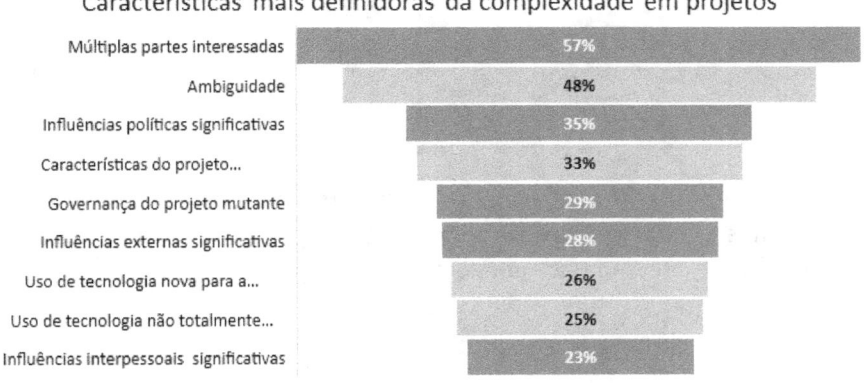

Figura 2.2 Características mais definidoras da complexidade em projetos adaptado de - Navigating Complexity (2013, p4)

Adiciona-se os fatores influências políticas, influências externas e interpessoais, além da alteração na governança do projeto, destacadas na figura 2.2, que demandam gestão significativa das partes interessadas pelos impactos que podem gerar no resultado e sucesso do projeto. Essa pesquisa detalha vários motivos pelos quais o engajamento das partes interessadas é importante para os projetos:

- A diversidade de interesses das partes interessadas pode ter um impacto negativo nas premissas de um programa ou projeto e nas suas limitações;
- As interações sociais e políticas das partes interessadas podem produzir condições difíceis para o gerente e a equipe do programa ou projeto;
- As partes interessadas podem ter opiniões fortes e diversas sobre processos e métodos de gerenciar um programa ou projeto.

Figura 2.3 Desafios para gerenciar e conectar as partes interessadas, adaptado de Navigating Complexity (2013, p3)

Compreender, gerenciar e conectar as diversas partes interessadas internas e externas em um projeto ou programa pode ser enormemente desafiador, mesmo para um gerente de projetos experiente.

Quem são as partes interessadas mais importantes para seu projeto?

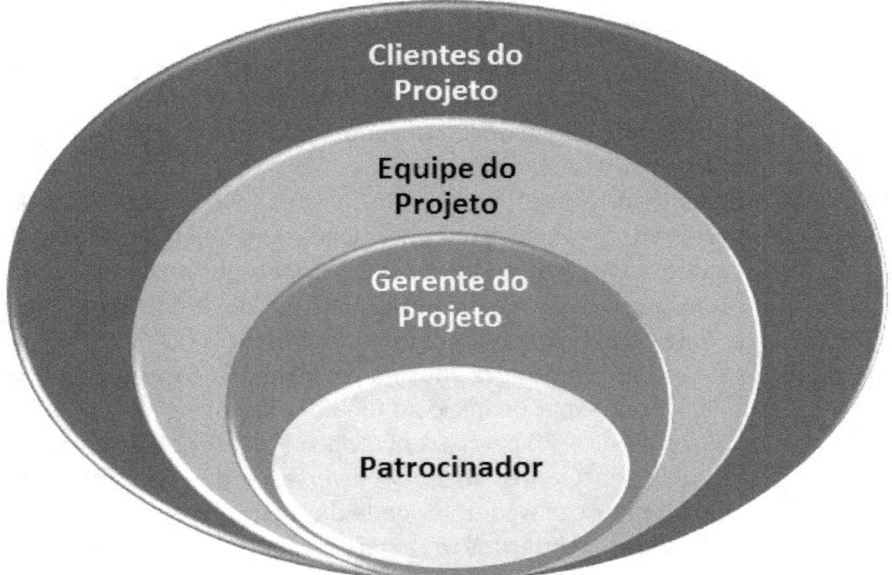

Figura 2.4 Quem são as partes interessadas? Adaptado de (PMI®, 2017, p. 53)

De forma geral, as partes interessadas mais importantes do projeto são:

- Clientes do projeto: o projeto atenderá suas necessidades; os produtos e serviços feitos no projeto são construídos para atender as necessidades dos clientes. Portanto, entendê-las é fundamental para o sucesso do projeto. Podemos classificar os clientes em diferentes posições:
    - Área de Negócio que está demandando o projeto e, portanto, definindo e aprovando seus requisitos;
    - Usuários finais que irão trabalhar com o produto do projeto e fazem parte da operacionalização do resultado;
    - Clientes da empresa que irão se beneficiar com novas funcionalidades ou soluções disponíveis;
    - Comunidade de modo geral, não podemos deixar de considerar que no mundo conectado em que vivemos a imagem da empresa e dos seus produtos deve ser cuidada e preservada;

- Patrocinador: quem está financiando o projeto. Pode ser uma ou mais pessoas físicas ou jurídicas (empresas). Ele é importante por viabilizar seu projeto com os recursos financeiros, porém, deve-se ressaltar que seu projeto deve atender as necessidades dos seus clientes através dos produtos e/ou serviços que ele gera. O papel do patrocinador ativo vai além de financiar o projeto; ele envolve-se em todas as decisões relevantes para que o projeto atinja seus objetivos estratégicos;
- Gerente de projeto: quem faz a gestão e orquestra todas as partes interessadas de modo a alcançar os objetivos do projeto;
- Equipe do Projeto: todos os responsáveis por atividades precisam estar motivados e alinhados com os objetivos do projeto. A equipe do projeto também tem ramificações:
    - Dedicação total, núcleo permanente: são aqueles que irão participar do início ao fim do projeto;
    - Dedicação parcial: envolvidos em fases do projeto;
    - Participantes fixos de diversas áreas de acordo com a natureza e complexidade de seu projeto;
- Fornecedores internos e externos, que irão interagir com o produto do projeto;
- Outras, como o PMO, gerente responsável pelo Escritório de Projetos.

As partes interessadas muitas vezes têm mais de uma função e o gerente do projeto deve identificar isso e tratá-las de forma distinta. Por exemplo, o patrocinador pode também ser cliente, e você, como gerente do projeto, deve atender suas necessidades como cliente e como patrocinador de modo a manter as partes interessadas engajadas.

Nível de Engajamento

Um projeto provoca diversas reações nos envolvidos e afetados por ele: apoio, neutralidade ou resistência.

Uma das tarefas da gestão das partes envolvidas é avaliar as reações nos diversos públicos e promover a mudança nas percepções que possuem do projeto, levando às diferentes reações.

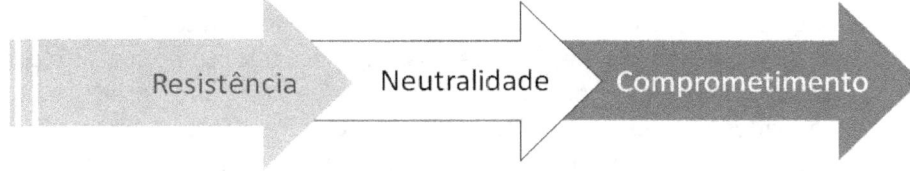

Figura 2.5 Nível de Engajamento

Assim, através das ferramentas e técnicas de gestão dos envolvidos, promove-se os diversos participantes para chegarem ao nível de comprometimento esperado.

Nem sempre conseguimos levar todas as pessoas para o nível de comprometimento. Através das técnicas de entrevista e mapeamento de partes interessadas, podemos identificar seu grau de poder e interesse no projeto e mapeá-los como mostra o gráfico abaixo, adaptado do PMBOK (PMI®, 2013, p. 397).

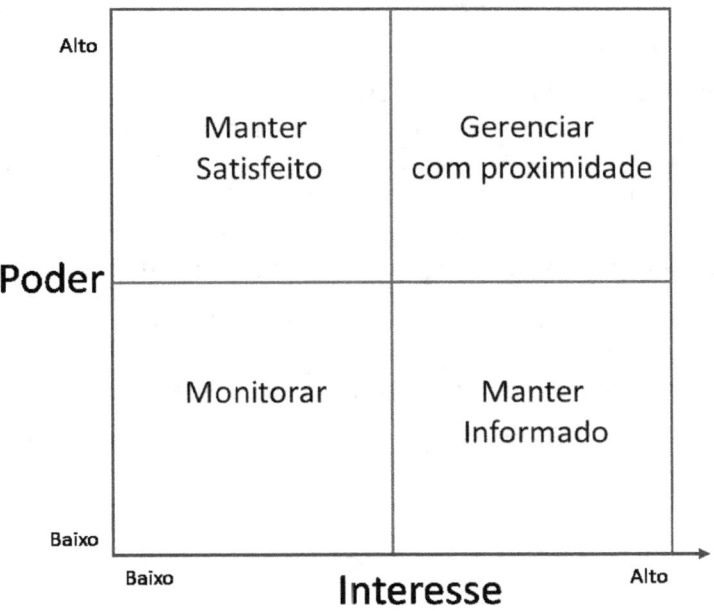

Figura 2.6 Poder e Interesse, adaptado de PMI (2013 p. 397)

As partes que estão no quadrante de alto poder e alto interesse devem ser gerenciados de perto para manter seu comprometimento com o projeto. Nem sempre, mesmo aqueles que têm alto interesse, ficam motivados o tempo todo, conflitos de interesse e necessidades, problemas de comunicação podem levá-los para a posição de neutralidade, por exemplo.

O ideal é que todas as pessoas identificadas com interesse, afetadas ou envolvidas no projeto estejam engajadas no nível de comprometimento, o que nem sempre é possível. Pode ser aceitável manter em posição de neutralidade aqueles que apresentam baixo interesse e baixo poder para o projeto. Esta gestão envolve muita comunicação em todos os níveis da organização, conhecimento da sua cultura e das relações de poder existentes.

Quais são os interesses das partes interessadas?

Cada parte interessada tem um interesse específico, alguns dos interesses podem ser comuns entre mais de uma parte interessada, e outros podem ser conflituosos.

Por exemplo, um gestor deseja incluir uma nova funcionalidade no produto que irá deixá-lo mais caro, porém diferenciado no mercado e mais atrativo para o consumidor, e outro gestor não quer incluir essa funcionalidade, pois demandará um trabalho operacional maior, exigindo mais recursos e entende que deixar o produto mais barato pode ser de mais interesse para o consumidor, no momento atual.

Entender os interesses das pessoas envolvidas e priorizá-los de forma a agregar maior valor ao produto do projeto, transformando-os em colaboradores ativos é fator crítico para o sucesso de qualquer projeto.

Vamos destacar abaixo algumas das partes interessadas e seus interesses mais comuns.

Tabela 2.1 *Partes interessadas e seus interesses mais comuns*

Parte interessada	Interesses ou Expectativas mais comuns
Clientes	Produto mais barato com maior qualidade, mais funcionalidades. Obter mais recursos com menor custo;
Fornecedores	Maior lucro. Faturar valor maior em relação aos produtos e serviços vendidos para o projeto com o menor custo possível, simplificar os serviços oferecidos para reduzir custos;
Executivos	Visibilidade; redução de custos; aumento de desempenho; crescimento da empresa; aumentar poder, promoção;
Time do Projeto	Reconhecimento; excelência técnica, aprendizado; autonomia; Interesses individuais: carreira, promoção, bom salário, qualidade de vida;
Gerentes Funcionais	Cumprir suas metas; não compartilhar seus recursos; menos *stress* e pressão; manter controle;
Gerente do projeto	Ser reconhecido e recompensado pela sua capacidade de integrar as pessoas e gerar as entregas com qualidade; cumprir os objetivos do projeto;
PMO	Capacitar os gerentes de projetos transformando-os em pessoas chaves na organização e ser reconhecido por isso;
Envolvidos e Afetados pelo projeto	Saber fazer o trabalho; manter sua qualidade de vida; manter seu emprego; serem ouvidos.

Quem são as partes interessadas mais críticas?

Os recursos são limitados nas organizações e no projeto, e quanto mais escassos, mais cruciais para o resultado do projeto. Gestores com poder de alocação sobre recursos críticos dos projetos e decisões estratégicas e táticas, tais como aquelas que envolvem escopo (aqueles que têm poder de veto) ou alocação de investimento e pessoas são fundamentais para o sucesso do projeto e devem ser monitorados de perto.

Também são extremamente relevantes:

- Responsáveis por especificar os produtos e serviços a serem criados pelo projeto;
- Gerentes funcionais responsáveis por parte da equipe do projeto;
- Patrocinador.

O Patrocinador desempenha papel estratégico, principalmente, para ajudar na resolução dos conflitos, e atuar para reduzir ou mitigar as resistências dos envolvidos no projeto. Abaixo algumas das habilidades mais importantes dos patrocinadores executivos:

- A capacidade de influenciar partes interessadas;
- A capacidade de trabalhar entre grupos diferentes de partes interessadas para encontrar soluções ganha-ganha;
- Liderança;
- Tomada de decisões; e
- Comunicação eficaz.

Na análise de risco de projetos, a participação do patrocinador sempre é apontada como um fator determinante para o sucesso. Ultimamente se observa que o patrocínio de alta qualidade tem sido um recurso finito. A demanda por patrocinadores executivos está aumentando, mas sua disponibilidade é fisicamente limitada. Em muitas organizações, os patrocinadores estão sobrecarregados em seus portfólios de projeto, o que logicamente leva a uma concorrência por atenção, que está comprometida num nível não ideal, por sua vez impactando o andamento e os resultados. Esta situação exige do gerente de projeto uma capacidade de comunicação eficaz, entendendo claramente quais são os principais interesses do patrocinador e como despertar a atenção para aquilo que é efetivamente relevante sua intervenção ou decisão.

O que é gerenciar as partes interessadas?

O princípio da gestão das partes interessadas é que diferentes grupos possuem distintas necessidades e expectativas em diversas fases do ciclo de vida do projeto, demandando variadas abordagens. Administrar essas diferenças permite ao gerente de projeto atingir patamares de sucesso elevado, atendendo a necessidade dos envolvidos com a qualidade por eles desejada.

O gerenciamento das partes interessadas é composto pelos processos que irão identificar as diversas partes interessadas que se relacionam com o projeto, desenvolver e conduzir estratégias para quebrar suas resistências e aumentar seu engajamento. Principalmente monitorá-las de modo a garantir seu envolvimento ativo em todo o projeto.

Apresentar quadros, estatísticas e números não necessariamente traz comprometimento. As pessoas envolvem-se com aquilo que atende seus interesses e necessidades, toca nos seus objetivos, ideais, esperanças, dificuldades e problemas. Compreender os diferentes interesses e expectativas é a chave para a gestão dos envolvidos nos projetos.

O comportamento das pessoas em projetos, principalmente quando geram mudanças nas suas rotinas, que podemos dizer são a grande maioria deles, varia de acordo com a exposição aos benefícios e resultados esperados, como percebem os riscos daquilo que é desconhecido dentro do seu círculo de conforto, as ameaças que pressupõem, aos poderes estabelecidos, desafios e aprendizados que vislumbram e disponibilidade de tempo, entre outros fatores.

Assim, caminhar pela organização, ouvir e interpretar o que acontece, levar a informação exata na linguagem adequada para cada público envolvido, considerando a sua relevância, faz parte do trabalho da gestão de envolvidos, que vem tomando cada vez mais uma parcela significativa do tempo e atenção da equipe de gestão de projetos.

Quais são os fatores críticos de sucesso na gestão das partes interessadas?

O sucesso de um projeto pode ser determinado por:

- Poder e influência das partes interessadas;
- Percepção dos envolvidos do que será efetivamente obtido com a entrega do projeto.

Esses itens podem ser desdobrados em vários pontos de atenção:

- Mapeamento de todos os envolvidos nos processos que o projeto está afetando, considerando os seus fornecedores e clientes. Muitas vezes a equipe concentra-se naqueles que executam o processo que está em foco no projeto, porém os clientes e fornecedores de um processo podem afetar o resultado. Considere fornecedores todos aqueles que fornecem os insumos ou informações de entrada de um processo e como clientes aqueles que receberam o resultado do trabalho gerado no processo. Deixar de fora um envolvido poderoso em um processo pode trazer ao projeto desdobramentos inesperados em momentos impróprios, afetando tempo custo e resultados;
- Ouvir sem julgamento, evitar colocar o rótulo de resistente nas pessoas, como uma marca nas costas. Em muitas situações, as pessoas que apontam problemas ou dificuldades são aquelas que estão ajudando o projeto a ter sucesso, estão se importando com o que está acontecendo. Comportamentos diferentes daqueles que consideramos adequados ou esperamos das pessoas não significa resistência, podem conter pontos de atenção para serem cuidados;
- Mapear toda a hierarquia, não apenas o alto escalão. Incluir a média gerência, os coordenadores, os formadores de opinião, aqueles que estão na linha de frente operacional, pois todos serão responsáveis pela condução do resultado do projeto em produção. Muito importante envolver o pessoal certo, com a competência certa, no momento certo;
- Conhecer a estrutura de relacionamento entre os diversos envolvidos e saber como eles trabalham em conjunto;
- Comunicação clara e transparente, mantendo todos os envolvidos informados com constância e conteúdo adequados à linguagem e interesses deles;
- O relacionamento entre o patrocinador e as entidades que formam o sistema de gerenciamento de projetos deve ser fundado em transparência e confiança, com um alto grau de interdependência;
- Deixar claro papéis e responsabilidades de todas as partes;
- Gerenciar expectativas, interesses e ansiedade: deixar claro o que será entregue e como será disponibilizado, bem como aquilo que não será entregue e por quê. As pessoas constroem versões do

projeto em suas cabeças e é preciso trazer para a realidade o projeto que será entregue;
- Entender a cultura das áreas envolvidas. Dentro de uma empresa, existem várias "regras de conduta" que precisam ser observadas para evitar desentendimentos desnecessários;
- Alinhar as diferentes visões e/ou narrativas dos fatos que diversas áreas possuem.

PARTE II

PASSO A PASSO

3   Passo a Passo

O passo a passo será agrupado em processos de gerenciamento das partes interessadas de acordo com os tópicos do capítulo 13 do Guia PMBOK® Sexta Edição para facilitar seu entendimento com objetivos e resultados claros, conforme figura abaixo e detalhados posteriormente.

Identificar as partes interessadas	e seus interesses, envolvimento e impacto no sucesso do projeto
Planejar o engajamento das partes interessadas	Estratégias para quebrar resistências e garantir seu engajamento no projeto
Gerenciar o engajamento das partes interessadas	comunicar e interagir p/ atender suas necessidades e solucionar as questões quando ocorrem
Monitorar o engajamento das partes interessadas	monitorar os relacionamentos entre as partes interessadas e ajustar as estratégias para engajá-las eliminando resistências e aumentando o suporte ao projeto

Figura 3.1 Processos do gerenciamento das partes interessadas do projeto

Identificar as partes interessadas

> Identificar as partes interessadas
>
> e seus interesses,
>
> envolvimento e
>
> impacto no sucesso do projeto;

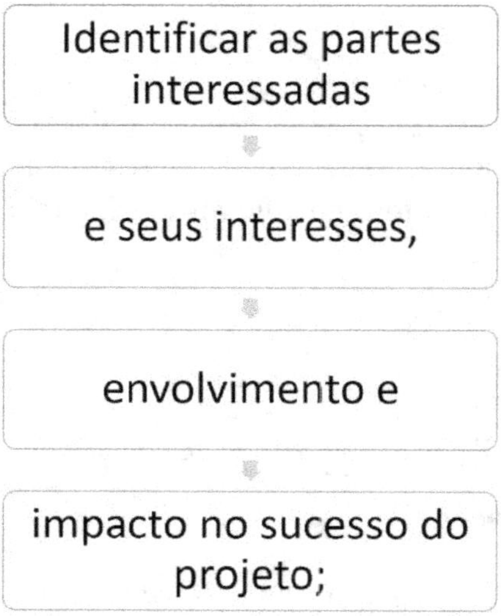

Figura 3.2 Identificar as partes interessadas

Segundo o Guia PMBOK®, identificar as partes interessadas é o processo de identificar, regular e sistematicamente, as partes interessadas do projeto, analisando e documentando informações relevantes sobre seus interesses, envolvimento, interdependências, influência e impacto potencial no sucesso do projeto. (PMI®, 2017, p. 507)

Esse talvez seja o processo mais crítico do gerenciamento do projeto, pois, descobrir as partes interessadas e escutá-las de forma efetiva, no início, trará um maior comprometimento, maior clareza de requisitos e objetivos e, consequentemente, menos mudanças no decorrer do projeto.

O Gerente de Projeto deve conectar as partes interessadas maximizando as influências positivas e minimizando as resistências, o que implicará maior probabilidade de aceitação das entregas.

Importante ressaltar que as atividades de identificação, análise e documentação devem ocorrer durante todo o projeto e não só no seu início. Da mesma forma que ocorrem mudanças no projeto, acontecem mudanças nas partes interessadas dentro e fora da organização. No meio do projeto, novas pessoas são contratadas, outras são desligadas, outras mudam de cargo, de responsabilidade e consequentemente de interesses e envolvimento.

Além disso, um levantamento mal feito pode ignorar pessoas importantes para o projeto, gerando várias solicitações de mudanças de escopo e grande resistência por parte de quem não foi lembrado.

Outro ponto muito importante é priorizar as partes interessadas através de um modelo que as classifica através da combinação de duas ou mais variáveis (Vide Análise de partes interessadas[3]).

Tabela 3.1 Entradas, Ferramentas e Saídas do Processo 13.1 Identificar as partes interessadas (Guia PMBOK®)

Entradas	Ferramentas	Saídas
Termo de abertura do projeto	Opinião especializada	Registro das partes interessadas
Documentos de negócio	Coleta de dados	Solicitações de mudança
Plano de gerenciamento do projeto	Análise de dados	Atualizações do plano de gerenciamento do projeto
Documentos do projeto	Representação de dados	Atualizações de documentos do projeto
Acordos	Reuniões	
Fatores ambientais da empresa		
Ativos de processos organizacionais		

Entradas

Termo de abertura do projeto

Termo de abertura do projeto
- formaliza início do projeto
- dá autoridade necessária ao gerente de projetos

Contém
- principais responsáveis
- requisitos iniciais
- principais entregas
- premissas
- restrições

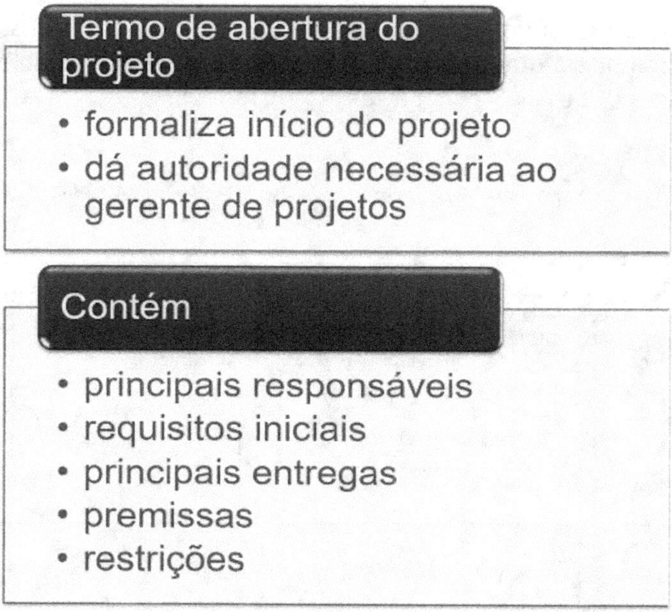

Figura 3.3 Termo de Abertura do Projeto

O termo de abertura do projeto, também muito conhecido como *Project Charter* (inglês), é o documento que autoriza formalmente o início do projeto.

Ele concede ao gerente de projetos a autoridade para aplicar os recursos organizacionais nas atividades do projeto.

O Gerente de Projetos sempre deve ser designado antes do início do planejamento e, de preferência, no desenvolvimento do termo de abertura.

O patrocinador do projeto deve aprovar o termo de abertura do projeto.

O termo de abertura do projeto deve conter informações sumarizadas, porém com o nível de detalhamento necessário para a aprovação ou não do projeto. Abaixo algumas das informações normalmente incluídas:

- Gerente de projetos designado e nível de autoridade atribuída;
- Requisitos que satisfazem as necessidades do cliente, do patrocinador e de outras partes interessadas;
- Necessidades de negócios, descrição de alto nível do projeto ou requisitos do produto para o qual o projeto é realizado;
- Objetivo ou justificativa do projeto;
- Cronograma de marcos de entrega sumarizado;
- Influência das partes interessadas;
- Organizações funcionais e sua participação;
- Premissas organizacionais, ambientais e externas;
- Restrições organizacionais, ambientais e externas;
- Caso de negócios justificando o projeto, incluindo o retorno sobre o investimento;
- Orçamento sumarizado.

Exemplos, modelos e informações complementares em
https://escritoriodeprojetos.com.br/termo-de-abertura-do-projeto

Documentos de negócio

Seu projeto deve estar alinhado com seu negócio e o Guia PMBOK® 6ª Edição introduziu dois novos documentos agrupados como documentos de negócio para garantir esse alinhamento (PMI®, 2017, p. 29):

- Business Case[4];
- Plano de gerenciamento de benefícios do projeto.

O *Business Case* fornece informações necessárias do ponto de vista do negócio, para determinar se o projeto justifica ou não o investimento. Essas informações devem conter as partes interessadas, suas expectativas a serem atendidas, benefícios, entre outros.

O Plano de gerenciamento de benefícios detalha os benefícios apontados no Business Case e explica os processos necessários para criá-los, maximizá-los e mantê-los durante e depois do projeto.

Esses documentos normalmente são elaborados pelas áreas de negócio que demandam o projeto, antes do seu início e são fundamentais para a geração do Termo de Abertura do Projeto.

Plano de gerenciamento do projeto

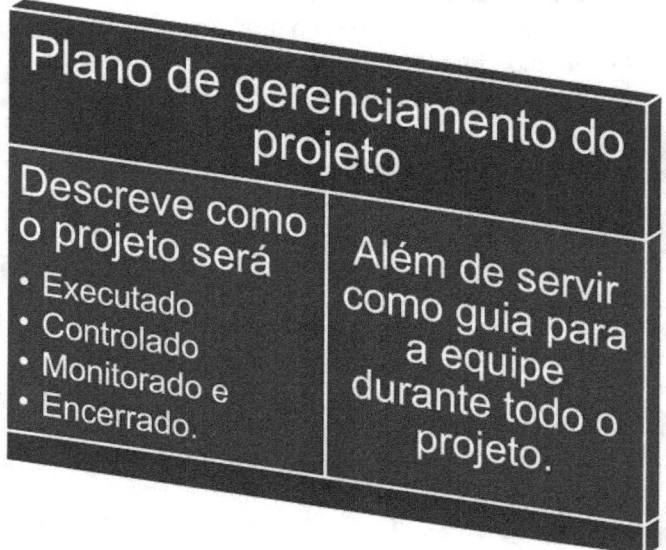

Figura 3.4 Plano de Gerenciamento do Projeto

O plano de gerenciamento do projeto, também conhecido como plano de projeto, é a principal referência para a equipe do projeto. Ele descreve, junto com seus planos auxiliares[5], como os processos serão executados, controlados, monitorados e encerrados. Dessa forma, guia a equipe durante todo o projeto.

Segundo o Guia PMBOK®, o plano de gerenciamento do projeto integra e consolida todos os planos de gerenciamento auxiliares, linhas de base e outras informações necessárias para gerenciar o projeto. (PMI®, 2017, p. 86).

Ele é gerado na área de conhecimento de Integração do projeto, atualizado principalmente pelos processos de planejamento, e serve de entrada para praticamente todos os processos.

Exemplos, modelos e informações complementares em
https://escritoriodeprojetos.com.br/plano-de-gerenciamento-do-projeto

Documentos do projeto

Como citado na descrição do processo de identificar as partes interessadas, a identificação, análise e documentação deve ocorrer durante todo o projeto e não só no seu início. Portanto, alguns documentos criados durante o projeto são fontes importantes para identificar novas partes interessadas, mudanças de interesse e envolvimento e resistências que precisam ser analisadas, tratadas e documentadas.

Abaixo, três documentos importantes que devem ser monitorados de forma a atualizar o registro das partes interessadas com informações relevantes:

- Registro das mudanças[6]: Se alguém solicitou uma mudança, necessário analisar o porquê da solicitação de mudança de forma mais crítica;
- Registro das questões[7]: Se ocorre um novo problema, é devido a algum tipo de insatisfação e, portanto, deve ser analisada para que o problema não ocorra novamente;
- Documentação dos requisitos[8]: Se existe um requisito a ser atendido, alguém solicitou e é fundamental ter todos os clientes documentados e analisados no registro das partes interessadas.

Acordos

O acordo é um documento que descreve os termos e condições do produto ou serviço a ser adquirido no seu projeto. Normalmente, é um contrato formalizado através da assinatura pelas duas partes envolvidas, comprador e vendedor, além de suas testemunhas.

O contrato é um documento previsto no Código Civil Brasileiro (CCB), que forma uma relação legal sujeita a ação corretiva no tribunal.

Eles são firmados entre pessoas e organizações para atender seus interesses e são fontes importantes de partes interessadas do projeto.

Fatores ambientais da empresa

Segundo o Guia PMBOK®, os fatores ambientais da empresa se referem às condições fora do controle da equipe do projeto que influenciam, restringem ou direcionam o projeto. (PMI®, 2017, p. 38)

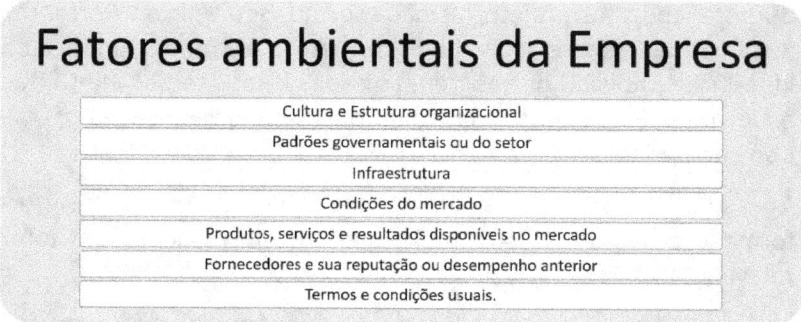

Figura 3.5 Fatores ambientais da empresa

Eles são fatores internos ou externos que podem influenciar o sucesso do projeto e restringir as opções de gerenciamento, tais como:

- Cultura e Estrutura organizacional[9];
- Padrões governamentais ou do setor;
- Infraestrutura;
- Condições do mercado;
- Produtos, serviços e resultados disponíveis no mercado;
- Fornecedores e sua reputação ou desempenho anterior;
- Termos e condições usuais para produtos, serviços e resultados ou para o setor específico.

Os fatores ambientais são entradas para praticamente todos os processos do Guia PMBOK®.

Alguns exemplos de fatores ambientais que podem influenciar seu projeto de forma positiva:

- Estrutura organizacional Projetizada: o gerente de projeto terá mais poder e consequentemente terá mais chance de influenciar o sucesso do projeto. Além disso, a Estrutura organizacional projetizada deve ter maior maturidade em gerenciamento de projetos;

- Cultura organizacional colaborativa: quanto maior o incentivo para colaborar dentro da organização, maior chance de você conseguir a colaboração da equipe do projeto;

Alguns exemplos de fatores ambientais que podem influenciar seu projeto de forma negativa:

- Estrutura organizacional funcional: o gerente de projeto terá pouco poder e dependerá muito dos gerentes funcionais para obter qualquer resultado ou informação no projeto. Além disso, a estrutura organizacional funcional provavelmente terá menor maturidade em gerenciamento de projetos;
- Cultura organizacional da culpa (onde são estimulados os conflitos e a desconfiança entre as pessoas): o gerente de projeto terá muita dificuldade em conseguir ajuda dentro da organização.

Ativos de processos organizacionais

Os ativos de processos organizacionais são os ativos relacionados aos processos da empresa que contribuem para o sucesso do projeto.

Quanto maior o nível de maturidade da organização em gerenciamento de projetos, maior a contribuição dos seus ativos de processos organizacionais em seus projetos.

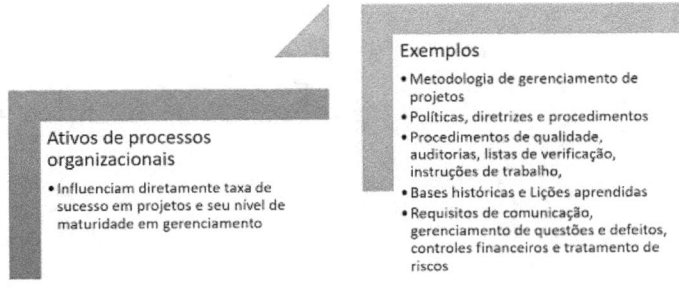

Figura 3.6 Ativos de processos organizacionais

Podem ser:

- Planos formais ou não, políticas, diretrizes e procedimentos.
- Procedimentos de qualidade, auditorias, listas de verificação, instruções de trabalho, regras gerais em diversas áreas.
- Requisitos de comunicação, gerenciamento de questões e defeitos, controles financeiros e tratamento de riscos.
- Base de conhecimento dos projetos passados da empresa como lições aprendidas, informações históricas, ou qualquer informação documentada que possa ajudar no sucesso dos novos projetos.

Se você tem um Escritório de Projetos eficiente, seus ativos de processos organizacionais contribuirão de forma efetiva para o sucesso do seu projeto.

Os ativos de processos organizacionais são entradas para a grande maioria dos processos do Guia PMBOK® (46 processos do total de 49).

Exemplos, modelos e informações complementares em
https://escritoriodeprojetos.com.br/ativos-de-processos-organizacionais

Ferramentas

Opinião especializada

A opinião especializada é a ferramenta e técnica mais citada pelos processos do Guia PMBOK®.

Ela pode ser obtida por meio de consultas individuais ou em formato de painel (discussões de grupo, pesquisas de opinião).

A razão é simples, gerencie seu projeto de forma eficaz, tenha visão do todo e contrate especialistas para os assuntos que não domina.

Você pode usá-la de modo a garantir ampla identificação de cada parte interessada e de seu perfil (poder, influência etc.), principalmente, de especialistas que tenham treinamento, conhecimento especializado ou comprovada experiência com:

- Alta administração;
- Principais partes interessadas identificadas;
- Gestão de projetos da mesma área ou abrangência;
- O assunto da área de negócio ou do projeto;
- O setor de negócios em que a empresa está inserida;
- Técnicas específicas de acordo com a situação ou fase do projeto como pesquisa de mercado, testes de usabilidade de *site*, avaliação de clima da equipe de projeto em projetos grandes e extensos etc.

Coleta de dados

Existem várias técnicas para coletar dados, você deve saber escolher qual técnica é a mais efetiva para cada situação do seu projeto.

As seguintes técnicas são muito usadas para identificar as partes interessadas:

Questionários e pesquisas

Questionários e/ou pesquisas são compostos por um conjunto de questões escritas em um documento ou formulário para coleta de informações. As questões podem ser:

- Múltipla escolha: existem respostas fixas na qual a pessoa que está respondendo o questionário deve selecionar uma das respostas. Aplicada quando envolve um número grande de pessoas a serem consultadas e os temas e possibilidades a serem pesquisados estão bem claros. Normalmente, conhecida como pesquisa quantitativa. Existem muitas ferramentas disponíveis na *Web* que podem auxiliá-lo, trazendo eficiência para tabulação dos resultados;
- Abertas: não existem respostas pré-determinadas e o responsável por responder o questionário escreve livremente sua resposta. Estas pesquisas são conhecidas como pesquisas qualitativas, normalmente abrangem um público menor e selecionado. Em muitas situações, são realizadas entrevistas presenciais, principalmente com executivos, pois as respostas abertas criam possibilidades para perguntas não previstas.

Brainstorming

Brainstorming é uma técnica utilizada para estimular o pensamento criativo e gerar novas ideias; um processo formal que pode ser usado de modo estruturado ou não. Seu principal objetivo é gerar um alto número de ideias de modo criativo e eficiente e, principalmente, livre de críticas. É muito utilizado na identificação de riscos e resolução de problemas. Principais benefícios:

- Encoraja a participação de todos os presentes.
- Permite aos participantes complementar ideias de outros participantes.
- Estimula ideias muito criativas.

Análise de dados

Análise de dados é um conjunto de métodos e técnicas para analisar os dados obtidos e chegar a conclusões relevantes para o projeto.

As seguintes técnicas de análise de dados são muito usadas para identificar as partes interessadas:

Análise de partes interessadas

A análise de partes interessadas é uma técnica de coleta e análise sistemática de informações qualitativas e quantitativas para determinar interesses a serem considerados.

Ela identifica interesses, expectativas e influência das partes interessadas e determina seu relacionamento.

É composta pelos seguintes passos:

1. Identifique as partes interessadas e suas informações;
2. Identifique o potencial impacto de cada parte interessada e classifique-as de modo a definir estratégias individuais ou em grupo;
3. Avalie as possíveis reações das partes interessadas a fim de definir como influenciá-las.

Neste ponto, as partes interessadas foram listadas a partir dos documentos recebidos do projeto, do organograma das áreas envolvidas e das entrevistas qualitativas realizadas e sessões de *brainstorming*.

A identificação do interesse, possível impacto e resistência das partes interessadas pode ocorrer através de entrevistas realizadas diretamente com os principais interessados, através de *brainstorming* com a equipe do projeto, pela avaliação das questões que surgem no decorrer do projeto. As principais perguntas que devem ser direcionadas numa entrevista:

1) O que você conhece sobre o projeto?
2) Quais os benefícios que você percebe para a empresa e para sua área?
3) Quais são os principais fatores críticos de sucesso?
4) Quais os riscos, desafios e ameaças que você enxerga neste projeto?
5) Que impactos pode trazer para sua área?
6) Quais são suas preocupações ou recomendações?
7) Quais são, a seu ver, as melhores formas de encorajar todos os envolvidos dentro e fora da organização?

Existem várias formas de classificar o impacto de cada parte interessada. Abaixo, alguns dos atributos mais comuns para determinar esse impacto:

Poder: Nível de Autoridade:

- Posição hierárquica, ou de carisma, ou liderança pessoal;
- Forças, fraquezas e alianças com outras partes interessadas poderosas.

Influência: Envolvimento Ativo:

- Como ela é exercida no projeto;
- Verificar pessoas com grande influência no projeto em:
    - Tomada de decisão;
    - Na administração de processos - controlando gargalos;
    - Atuando como formador de opinião.

Interesse: Nível de Preocupação:

- Em relação aos resultados do projeto.

Impacto: Habilidade para efetuar mudanças no planejamento ou na execução do projeto.

Abaixo, alguns dos modelos de classificação mais usados considerando os atributos apresentados:

- Grau de Poder x Influência;
- Grau de Influência x impacto;
- Grau de interesse x poder x susceptibilidade;
- Grau de Poder x Interesse.

A tabela abaixo contém um exemplo de modelo de grau de interesse x poder e sua estratégia de resposta.

Tabela 3.2 Exemplo de modelo de grau de interesse x poder e sua estratégia de resposta

Interesse	Poder	Estratégia de Resposta
Baixo	Baixo	Monitorar
Baixo	Alto	Satisfazer criando conexões
Alto	Baixo	Manter informado colaborativamente
Alto	Alto	Gerenciar próximo colaborativamente

Análise de documentos

Análise dos documentos disponíveis do projeto e de outros projetos similares ajudam na identificação das partes interessadas e sua análise e documentação.

Representação de dados

Compreendem técnicas usadas para mostrar representações gráficas ou outros métodos aplicáveis para divulgar dados e informações do projeto e seus produtos.

As técnicas de representação de dados são muito usadas na gestão de partes interessadas para mapear, categorizar e classificar os envolvidos nas diversas atividades e fases do projeto.

Criam-se gráficos de acordo com a análise das partes interessadas e seus modelos de classificação (descritos no tópico anterior).

Uma das técnicas de representação de dados recomendada para analisar as partes interessadas e os resultados das ações de engajamento é a matriz de avaliação do engajamento das partes interessadas.

A matriz de engajamento das partes interessadas é um dos documentos mais críticos do projeto de caráter confidencial e de elevado risco. Construí-la não é uma tarefa exclusiva do gerente do projeto, deve ser realizada em conjunto com o patrocinador e os clientes executivos que demandaram o projeto.

Como essa matriz aborda julgamentos e avaliação de pessoas, você não pode correr o risco de ela chegar à mão de pessoas que possam interpretá-la erroneamente, o que causaria muitos conflitos para a gestão do projeto. Na dúvida, é melhor não gerar o documento e criar as estratégias sem registrá-las em um documento formal.

Por exemplo, você tem um diretor de grande influência e poder na sua empresa, que está resistente ao seu projeto, em função desta avaliação você criou uma estratégia para reduzir possíveis impactos no projeto. Por alguma razão, a matriz com sua estratégia chegou às mãos desse diretor. Dependendo do perfil desse executivo, ele poderá criar empecilhos para o andamento das atividades, eventualmente colocando em risco sua posição no projeto ou na empresa.

Reuniões

Atualmente, os gerentes de projetos dedicam mais do seu tempo em reuniões do que em qualquer outro tipo de atividade.

Muitas vezes, em reuniões pouco produtivas que se perde muito tempo e pouco se resolve.

Abaixo, algumas boas práticas para tornar sua reunião mais produtiva:

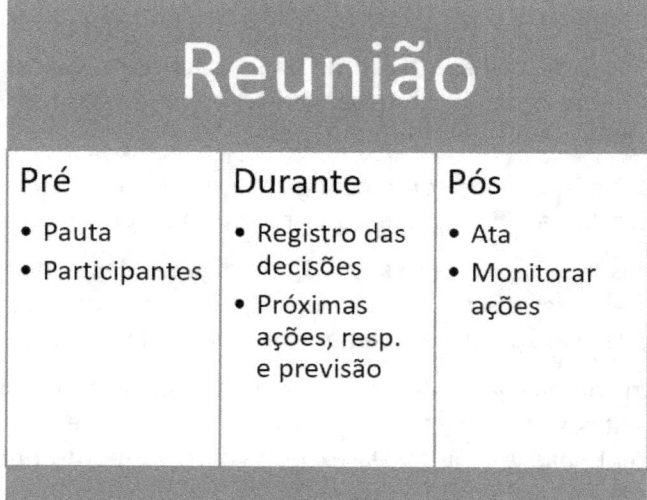

Figura 3.7 Boas práticas para Reuniões

Prepare-se - Planejamento-Pré:

- Definir pauta (objetivos e tópicos a serem discutidos);
- Escolher participantes necessários e suficientes e convocá-los com a pauta. Orientar que substitutos tenham conhecimento sobre o tema que será discutido e poder de decisão, quando aplicável;
- Preparar a reunião (Informações necessárias).

Realização-Durante:

- Esclarecer quem conduz, quem faz a ata, e critérios de tomada de decisão;

- Registrar principais decisões, ações com responsável e prazo;
- Determinar data da próxima reunião, quando necessário.

Acompanhamento-Pós:

- Distribuir ata rapidamente;
- Monitorar as ações e comunicar correções de desvios, progressos etc.

Outro tipo de reunião, também, mais frequente a cada dia que passa, é a conferência via vídeo e áudio. Abaixo, algumas dicas específicas:

- Deixe muito claro no convite os procedimentos e pré-requisitos;
- Teste antes e solicite o mesmo para os participantes;
- Certifique-se de que os participantes possuem os pré-requisitos.

Modelos e informações complementares em
https://escritoriodeprojetos.com.br/reunioes

Saídas

Registro das partes interessadas

> **Registro das partes interessadas**
>
> **Pessoas impactadas com informações relevantes**
>
> - Interesses afetados pelo projeto
> - Nível de engajamento
> - Priorização
> - Identificação

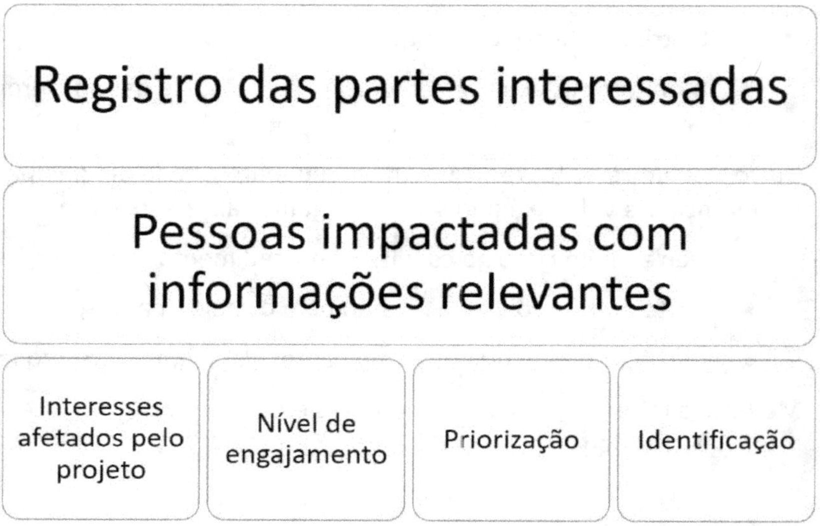

Figura 3.8 Registro das partes interessadas

O registro das partes interessadas contém as informações mais relevantes das partes identificadas que podem ser agrupadas para agilizar sua consulta. Abaixo uma sugestão para esse agrupamento:

- Informações de identificação:
    - Nome;
    - Posição na organização;
    - Local;
    - Papel no projeto;
    - Informações de contato;
- Informações de avaliação:
    - Requisitos essenciais;
    - Principais expectativas;
    - Influência potencial no projeto;
    - Fase de maior interesse no ciclo de vida;
- Classificação das partes interessadas:
    - Interna/externa;
    - Apoiadora/neutra/resistente etc.

Tabela 3.3 Processos relacionados com o Registro das partes interessadas

Saída de:	Entrada para:
Identificar as partes interessadas	Coletar os requisitos Planejar o engajamento da qualidade Planejar o engajamento das comunicações Identificar os riscos

Exemplos, modelos e informações complementares em
https://escritoriodeprojetos.com.br/registro-das-partes-interessadas

Solicitações de mudança

Planejamento
- Determinar como as solicitações de mudança serão tratadas (Fluxo)

Execução
- Implementar as solicitações de mudança aprovadas

Controle
- Registrar as solicitações de mudança e submetê-las ao Fluxo

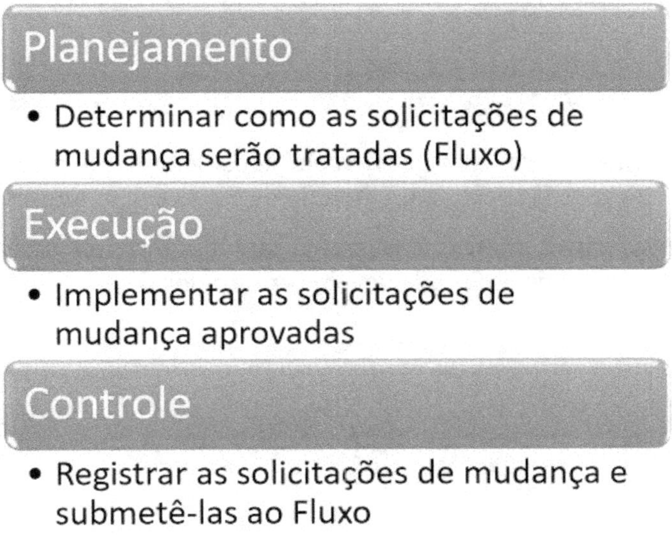

Figura 3.9 Fluxo das solicitações de mudanças

Como é quase certa a existência de várias solicitações de mudança durante o projeto, no planejamento o gerente de projeto deve definir como as mudanças serão tratadas através do Controle Integrado de Mudanças[10] (Fluxo).

Durante o projeto, todas as solicitações de mudanças devem ser documentadas no Registro das mudanças e devem ser aprovadas ou rejeitadas conforme fluxo definido no planejamento dentro do Controle Integrado de Mudanças.

Na execução, as solicitações de mudança aprovadas devem ser devidamente implementadas.

Exemplos, modelos e informações complementares em https://escritoriodeprojetos.com.br/solicitacoes-de-mudanca

Atualizações do plano de gerenciamento do projeto

Conforme as partes interessadas vão sendo identificadas e tratadas dentro do projeto, são necessárias atualizações no planejamento desse, principalmente, relacionada a como atender suas expectativas.

Atualizações de documentos do projeto

O mesmo ocorre com os demais documentos do projeto, revisando requisitos dos produtos para atender às novas partes interessadas.

As novas partes interessadas podem ser resistentes em relação ao projeto e gerarem novos riscos que devem ser tratados.

Planejar o engajamento das partes interessadas

Planejar o engajamento das partes interessadas tem como objetivo desenvolver estratégias para quebrar as resistências das partes interessadas e garantir seu engajamento no projeto.

Planejar o engajamento das partes interessadas

| Estratégias para quebrar resistências e | garantir seu engajamento no projeto; |

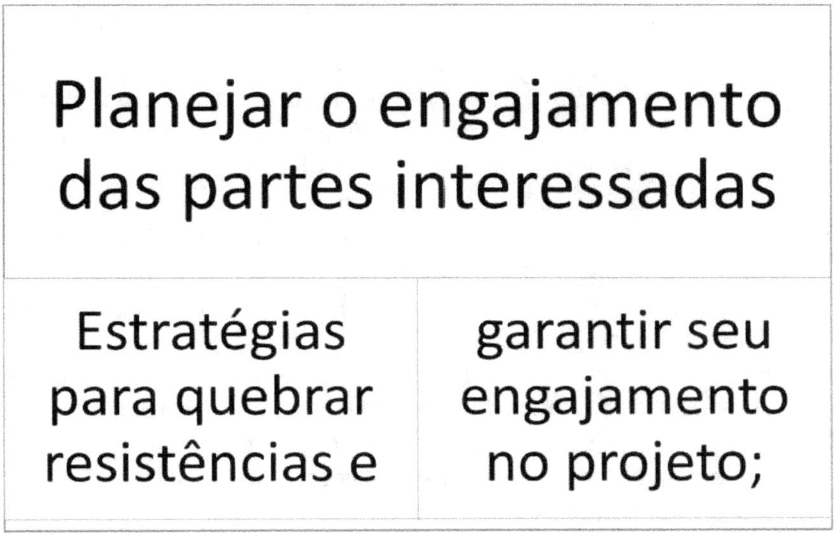

Figura 3.10 Planejar o engajamento das partes interessadas

Tabela 3.4 Entradas, Ferramentas e Saídas do Processo 13.2 Planejar o engajamento das partes interessadas (Guia PMBOK®)

Entradas	Ferramentas	Saídas
Plano de gerenciamento do projeto	Opinião especializada	Plano de engajamento das partes interessadas
Documentos do projeto	Coleta de dados	
Acordos	Análise de dados	
Fatores ambientais da empresa	Tomada de decisão	
Ativos de processos organizacionais	Reuniões	

A questão-chave desse processo é identificar a estratégia adequada para quebrar a resistência das partes interessadas mais importantes para o projeto.

O tipo de estratégia varia de acordo com:

- Fatores ambientais da empresa: por exemplo, em uma organização cuja cultura é muito competitiva e cujo bônus seja muito grande, um fator de motivação sempre muito relevante são as metas (indicadores) que afetam o bônus de cada parte interessada.
- Característica da parte interessada: por exemplo, uma pessoa que está insegura, confusa, emocionalmente instável pode se desmotivar facilmente deixando de participar, colaborar como esperado e as vezes até influenciando negativamente outros participantes e envolvidos, então se deve tomar cuidado adicional, pois, uma estratégia mal adotada, pode não ser revertida. Avaliar em que fase ela se encontra dentro de "<u>A curva da mudança</u>" (detalhada no capítulo <u>Gestão de Mudanças Organizacionais</u>) e desenvolver planos de comunicação para movê-la de posição.
- Expectativas: atender as expectativas da parte interessada em relação ao projeto, normalmente, é uma estratégia muito eficaz, porém, algumas vezes ela tem uma baixa (ou nenhuma) expectativa em relação ao projeto e outras vezes não é possível atender suas expectativas. Através de uma comunicação clara da visão estratégica do projeto e de seus objetivos, é possível mobilizar pessoas com baixa expectativa. A estruturação de um grupo de gestão alinhado e motivado ajuda a permear a visão de futuro desenhada dentro da empresa, facilitando o envolvimento e comprometimento de todos.

Concluindo, classifique e priorize as partes interessadas e desenvolva estratégias eficazes de forma a quebrar as resistências e garantir a participação, apoio e colaboração dos envolvidos que possuem atuação relevante para garantir o sucesso do projeto.

Conheça algumas estratégias propostas no tópico <u>Comunicação com as partes interessadas</u> do capítulo <u>Gestão de Mudanças Organizacionais</u>.

Entradas

Plano de gerenciamento do projeto

Detalhado nas entradas do processo Identificar as partes interessadas - Plano de gerenciamento do projeto.

Documentos do projeto

Detalhado nas entradas do processo Identificar as partes interessadas - Documentos do projeto.

Acordos

Detalhado nas entradas do processo Identificar as partes interessadas - Acordos.

Fatores ambientais da empresa

Detalhado nas entradas do processo Identificar as partes interessadas - Fatores ambientais da empresa.

Ativos de processos organizacionais

Detalhado nas entradas do processo Identificar as partes interessadas - Ativos de processos organizacionais.

Ferramentas

Opinião especializada

Detalhado nas ferramentas do processo Identificar as partes interessadas - Opinião especializada.

Coleta de dados

Existem várias técnicas para coletar dados, você deve saber escolher qual técnica é a mais efetiva para cada situação do seu projeto.

Para planejar o engajamento das partes interessadas, o Guia PMBOK® cita o Benchmarking[11] para comparar o resultado da análise das partes interessadas com as melhores referências identificadas no mercado. (PMI®, 2017, p. 520)

Análise de dados

Detalhado nas ferramentas do processo Identificar as partes interessadas - Análise de dados.

Tomada de decisão

As técnicas de tomada de decisão têm como objetivo selecionar a melhor alternativa entre todas as alternativas possíveis em tempo hábil.

São usadas principalmente para priorizar ações a serem tomadas para mobilizar as partes interessadas de modo que seus interesses e expectativas sejam contemplados. O plano de ação de gestão de partes interessadas deve ser feito com muita atenção em função dos fatores subjetivos que estão presentes e a avaliação desta condição em grupos pequenos aumenta a qualidade das ações propostas. Lembre-se que, pela sensibilidade do tema tratado, este plano deve ser discutido e mantido com um grupo selecionado de membros do projeto.

Vale ressaltar que o processo de tomada de decisão é um dos fatores mais críticos nos projetos e uma das principais responsabilidades do gerente do projeto é garantir que a melhor decisão seja tomada em tempo hábil.

Para toda questão identificada no projeto, deve-se:

- Avaliar impacto e urgência;
- Identificar alternativas para resolução; e
- Apresentar as alternativas para os responsáveis pela decisão.

Após a tomada de decisão, ainda deve-se garantir a correta implementação do que foi decidido.

Recomendo o uso de técnicas para tomada de decisão em grupo para resolver uma determinada questão envolvendo avaliação de alternativas apresentadas. Elas podem ajudar na classificação e priorização das melhores alternativas apresentadas.

As decisões podem ser tomadas por:

- Unanimidade: Todos concordam com a decisão tomada;
- Maioria: > 50% dos presentes concordam;
- Pluralidade: Maior grupo decide, mesmo que não haja maioria;
- Ditadura: Alguém decide pelo grupo.

Uma boa prática é definir regras para agilizar as decisões conforme determinado assunto, alçada ou categoria.

Exemplo de algumas regras sobre decisão sobre funcionalidade de um determinado produto do projeto:

- Toda funcionalidade do produto deve ser apresentada e discutida por um comitê formado;
- Caso a maioria dos integrantes do comitê concordem com a funcionalidade, essa será incluída no escopo do produto.
- Caso contrário, deverá ser apresentado para o patrocinador tomar a decisão.
- O patrocinador tem autoridade máxima para decidir sobre qualquer funcionalidade do produto a ser gerado (Ditadura).

Reuniões

Detalhado nas ferramentas do processo Identificar as partes interessadas - Reuniões.

Saídas

Plano de engajamento das partes interessadas

Plano de engajamento das partes interessadas	Descreve os processos usados para garantir o engajamento das partes interessadas • desde a identificação das partes interessadas • até o encerramento do projeto

• Além de definir estratégias para quebrar resistências e aumentar engajamento

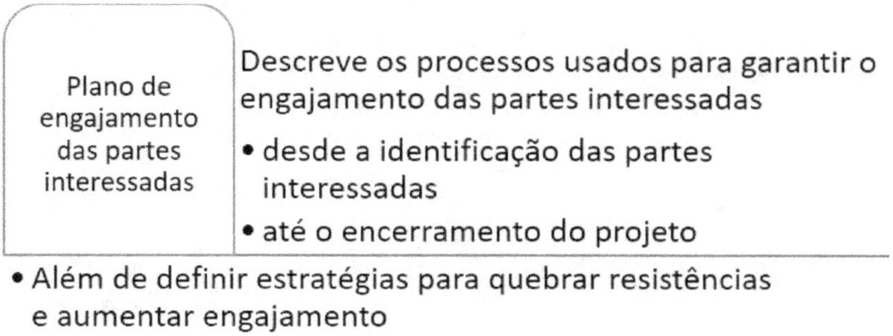

Figura 3.11 Plano de Engajamento das Partes Interessadas

O plano de engajamento das partes interessadas tem como objetivo principal definir as estratégias para aumentar o apoio, reduzir as resistências e minimizar os impactos negativos das partes interessadas durante todo o ciclo de vida do projeto.

Inclui elementos como:

- Principais partes interessadas que podem afetar o projeto e as informações necessárias para priorizá-las e definir estratégias para engajamento;
- Nível de engajamento atual e desejado no projeto, requisitos de comunicações e avaliação do impacto das partes interessadas priorizadas;
- Inter-relacionamentos identificados e sobreposição potencial entre as partes interessadas (Agrupamentos);
- Estratégias para reduzir resistências e aumentar engajamento com os responsáveis pela sua implementação;
- Formas de solucionar as questões à medida que ocorrerem (Plano de Escalonamento, responsáveis, comitês, *Status Report* etc.);
- Formas de monitorar os relacionamentos entre as partes interessadas e ajustar as estratégias quando necessário, de modo a garantir o adequado engajamento para atender os objetivos do projeto.

Como nosso objetivo é reduzir as resistências, o plano normalmente contém informações confidenciais e deve ser manuseado somente pelas pessoas autorizadas.

O Gerente de Projeto avalia o tipo de informação e o nível de detalhe necessário.

Exemplos, modelos e informações complementares em https://escritoriodeprojetos.com.br/plano-de-engajamento-das-partes-interessadas

Gerenciar o engajamento das partes interessadas

Segundo o Guia PMBOK®, gerenciar o engajamento das partes interessadas é o processo de comunicação e interação com as partes interessadas para atender às suas necessidades e solucionar as questões à medida que ocorrem. (PMI®, 2017, p. 523)

Gerenciar o engajamento das partes interessadas	Comunicar e interagir com as pessoas para • atender às suas necessidades • solucionar as questões à medida que ocorrerem e • incentivar seu engajamento nas atividades do projeto

• Executar as estratégias para engajar as partes interessadas

Figura 3.12 Gerenciar o engajamento das partes interessadas

As expectativas das partes interessadas devem ser constantemente gerenciadas, pois:
- As expectativas mudam ao longo do projeto;
- O envolvimento do usuário e o suporte da alta administração são apontados como os principais fatores de sucesso de um projeto;
- Atender as expectativas implica maior aceitação;
- Agir em relação às preocupações implica menores problemas;
- Agilizar as resoluções das questões implica menor desgaste.

Para solucionar as questões e problemas à medida que ocorrem, deve-se determinar previamente mecanismos e procedimentos para agilizar sua solução e reduzir os conflitos. Alguns exemplos seguem abaixo:
- Um plano de escalonamento bem definido e aprovado no planejamento agiliza a tomada de decisão e a resolução dos problemas.
- Abaixo, procedimento usado na Metodologia PMO[12] que deve ser adaptado à sua realidade:
    o Membros da equipe do projeto informam o gerente de projeto dos problemas do projeto;

- Gerente de Projeto deve entender e descrever o problema, identificar alternativas para resolvê-lo com a equipe do projeto;
- Definir a melhor alternativa a ser adotada com os responsáveis pela decisão detalhando ações requeridas, responsável e data prevista para cada ação;
- Comunicar os responsáveis e acompanhar a resolução do problema;
- Todos os problemas necessitam ser revistos periodicamente;
- Gerente de Projeto é responsável por armazenar todos os problemas e seu histórico em um Log de Problemas;
- Quando o problema for resolvido e verificado, o Gerente de projeto registra e fecha o problema.

Tabela 3.5 Entradas, Ferramentas e Saídas do Processo 13.3 Gerenciar o engajamento das partes interessadas (Guia PMBOK®)

Entradas	Ferramentas	Saídas
Plano de gerenciamento do projeto	Opinião especializada	Solicitações de mudança
Documentos do projeto	Habilidades de Comunicação	Atualizações no Plano de gerenciamento do projeto
Fatores ambientais da empresa	Habilidades interpessoais e de equipe	Atualizações nos Documentos do projeto
Ativos de processos organizacionais	Regras básicas	
	Reuniões	

Entradas

Plano de gerenciamento do projeto

Detalhado nas entradas do processo planejar o engajamento das partes interessadas - Plano de gerenciamento do projeto.

Documentos do projeto

Detalhado nas entradas do processo identificar as partes interessadas - Documentos do projeto.

Fatores ambientais da empresa

Detalhado nas entradas do processo identificar as partes interessadas - Fatores ambientais da empresa.

Ativos de processos organizacionais

Detalhado nas entradas do processo identificar as partes interessadas - Ativos de processos organizacionais.

Ferramentas

Opinião especializada

Detalhado nas ferramentas do processo identificar as partes interessadas - Opinião especializada.

Habilidades de Comunicação

Habilidade é a sua capacidade de usar seu conhecimento de modo a alcançar seus objetivos.

Sua habilidade de comunicação é fundamental para garantir que as informações sejam distribuídas e compreendidas no tempo adequado evitando mal-entendidos e aumentando o engajamento das partes interessadas através do atendimento dos seus requisitos de comunicação.

Para isso, o gerente de projeto deve conhecer os métodos de comunicação e quando e como usá-los de forma efetiva.

Métodos de comunicação

Existem inúmeros métodos de comunicação usados, o Guia PMBOK® sugere agrupá-los da seguinte forma (PMI®, 2017, p. 374):

- Comunicação interativa
    - Troca de informações multidirecional entre duas ou mais partes;
    - Forma mais eficiente de garantir entendimento comum por todos;
    - Reuniões, telefonemas, videoconferências etc.
- Comunicação ativa (*PUSH COMMUNICATION*)
    - Informações enviadas para destinatários específicos;
    - Garante distribuição das informações, mas não verifica se chegaram ou foram compreendidas pelo público-alvo;
    - Cartas, memorandos, relatórios, *e-mails*, faxes, correio de voz etc.
- Comunicação passiva (*PULL COMMUNICATION*)

- o Para volumes elevados de informações ou público muito grande;
- o Requer que os destinatários acessem o conteúdo da comunicação a seu próprio critério;
- o Intranet, e-learning, repositórios de conhecimentos etc.

O Gerente do Projeto deve decidir, com base na análise de requisitos da comunicação[13], quais métodos de comunicação serão usados, como e quando.

Habilidades interpessoais e de equipe

Habilidade para engajar as pessoas em seus projetos, liderá-las, motivá-las e conectá-las de modo a atingir os objetivos do projeto.

Abaixo, as principais Habilidades interpessoais e de equipe para gerenciar o engajamento das partes interessadas:

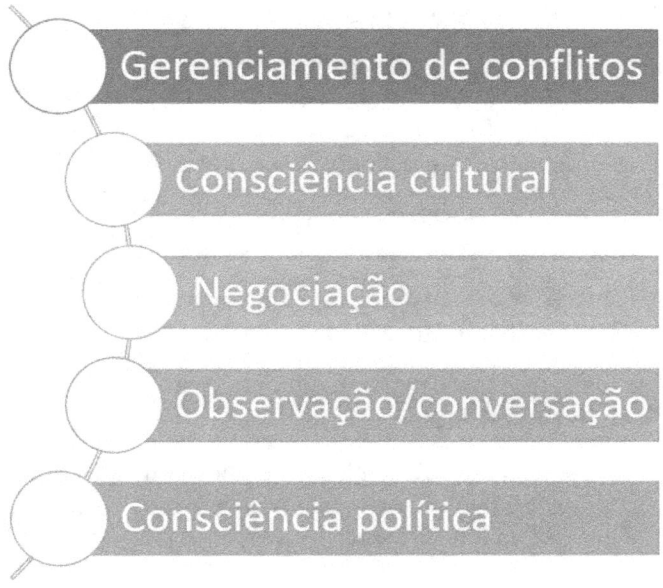

Figura 3.13 Habilidades interpessoais para engajamento das partes interessadas

Gerenciamento de conflitos[14]

Atualmente, os ambientes estão cada dia mais competitivos e com maior pressão, acarretando mais conflitos. Quanto mais rápido o conflito é solucionado, menor o seu impacto no projeto.

O gerente de projeto deve mapear rapidamente as partes interessadas e seus principais interesses no projeto, principalmente, as pessoas mais resistentes ao projeto e mais melindrosas, e criar estratégias para reduzir essas resistências e possíveis conflitos.

Uma fonte comum de conflitos é uma demanda do projeto. O que aparentemente é bom para uma parte interessada, pode ser conflitante em relação à outra demanda solicitada.

O gerente do projeto deve sempre avaliar as demandas e privilegiar a que mais agrega valor ao projeto. O cliente deve ser o primeiro a ser ouvido, já que é ele que usará os produtos e serviços entregues, porém, lembre-se que poderá existir solicitação conflitante entre diferentes clientes e nem sempre uma solicitação de um cliente agrega valor ao produto.

Abaixo, algumas das técnicas usadas para gerenciar os conflitos citadas no Guia PMBOK®:

- Colaborar/resolver o problema: incorporar diversos pontos de vista e opiniões que resultam no consenso e compromisso (requer atitude de troca e diálogo);
- Comprometer/reconciliar: (Negociação): encontrar soluções que tragam alguma satisfação para os envolvidos (ganha-ganha);
- Forçar/direcionar (Imposição): forçar um ponto de vista em detrimento dos outros (ganha-perde);
- Suavizar/acomodar (Panos quentes): enfatizar as áreas de acordo e não as diferenças;
- Recuar/evitar (Retirada): postergar a entrada numa situação de conflito efetivo ou potencial e deixar para resolver mais tarde ou esperar que o problema seja resolvido por outros.

Figura 3.14 Técnicas de Gerenciamento de conflitos

Veja mais informações no capítulo Lidando com Conflitos.

Consciência cultural

A cultura da organização interfere diretamente na efetividade das estratégias de engajamento. Por exemplo: Se você tem uma cultura que estimula a competição e o conflito na organização, será muito mais difícil conseguir a colaboração das pessoas, e você deverá conhecer as metas das partes interessadas mais críticas para conseguir seu engajamento. Quanto mais você conhecer a cultura da organização, maior entendimento das estratégias mais efetivas. Veja mais no capítulo "A Cultura Corporativa e a mudança" no capítulo Gestão de Mudanças Organizacionais.

Negociação

Como em todos os projetos, os recursos são limitados, e a cada dia mais escassos, e a negociação torna-se ferramenta indispensável para montar a equipe que irá executar o seu projeto, principalmente, para conseguir a liberação dos integrantes da equipe que está sendo composta por outras áreas da empresa ou até de fornecedores.

Conhecer bem a comunicação não verbal (comunicação através de gestos, expressões faciais, linguagem corporal, aparência, entre outros) e o que cada sinal significa pode lhe ajudar a ter mais sucesso em suas negociações.

Por exemplo, as pessoas quando estão dissimulando, desconfortáveis com as propostas em discussão, ou seja, possuem outras intenções ou necessidades que não revelam, podem apresentar alguns dos sintomas abaixo:

- Hesitar em responder uma questão;
- Ficar vermelho;
- Suar;
- Sorrir demasiadamente em tempos inadequados;
- Evitar olhar diretamente;
- Entre outros.

Abaixo mais algumas sugestões para facilitar sua negociação:

Figura 3.15 Negociação

- Silêncio é ouro: busque escutar mais e entender os principais interesses do outro para facilitar a negociação. O seu conhecimento dos interesses do outro e o desconhecimento do outro deixam você em vantagem na negociação;

- Ganha-ganha: trocas benéficas para ambos os lados. Entenda os interesses dos demais e ajude-os quando puder; conceda no que lhe interessa menos e solicite o que lhe interessa mais;
- Mantenha um bom relacionamento com os gerentes responsáveis por recursos;
- Identifique os principais interesses e motivações desses gerentes, como métricas que compõe seu bónus, interesses pessoais e profissionais;
- Identifique os recursos mais escassos da empresa e mantenha-se alinhado com eles;
- Faça o máximo para manter um bom relacionamento com todos na empresa.

A negociação é sempre facilitada quando você conhece os interesses e têm um bom relacionamento com a outra parte.

Observação e conversas

As conversas são fundamentais para gerenciar a equipe do projeto e engajar as partes interessadas. Através delas e suas observações, as equipes e partes interessadas se aproximam, resolvem seus problemas, dão *feedback*, identificam causas de baixo desempenho, e encontram soluções aumentando o engajamento de todos os envolvidos. Veja a sessão Dicas de Ouro no Capítulo Lidando com Conflitos.

Consciência política

O conhecimento da estrutura de poder formal e informal pode viabilizar o engajamento das partes interessadas. Uma estratégia muito comum para engajar uma parte interessada resistente é através da influência de outra pessoa e para isso você deve saber quem exerce poder e/ou influência em relação à parte interessada resistente.

Regras básicas

Regras básicas definem um conjunto de regras e procedimentos que norteiam o trabalho de todos os envolvidos.

Se forem bem definidas e com consenso, podem motivar a equipe e fazer uma grande diferença no resultado do projeto. Uma boa estratégia para criação das regras básicas é construí-las em conjunto na reunião de *Kick-off* do projeto. O que é construído por todos traz maior comprometimento.

Veja abaixo a figura das regras básicas adotadas no programa de associados da Escritório de Projetos[15]:

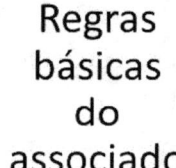

- Seja transparente
- Não se comprometa com o que não pode cumprir
- Cumpra aquilo que se comprometeu
- Não existe problema sem solução
- Atividade concluída = Executada + Validada
- Sua opinião faz a diferença, compartilhe-a

Figura 3.16 Regras básicas do associado da escritoriodeprojetos.com.br

Reuniões

Detalhado nas ferramentas do processo identificar as partes interessadas - Reuniões.

Saídas

Solicitações de mudança

Detalhado nas saídas do processo identificar as partes interessadas - Solicitações de mudança.

Atualizações no Plano de gerenciamento do projeto

Conforme as partes interessadas vão sendo identificadas e tratadas dentro do projeto, são necessárias atualizações no planejamento do projeto, principalmente, relacionada ao atendimento de suas expectativas.

Atualizações nos Documentos do projeto

Um dos documentos mais importantes para manter as partes interessadas engajadas é o Registro das questões.

Registro das questões

Figura 3.17 Registro das questões

O registro das questões (mais conhecido pelo termo em inglês, *Issues Log*) é o documento que registra os pontos de atenção e os problemas ocorridos no projeto.

Ele é um dos documentos mais importantes do projeto, pois trata cada problema ou questão assim que é identificado e guia as partes interessadas para apoiarem sua solução.

Inicialmente, é importante definir critérios como urgência e impacto para priorizar as questões a serem solucionadas.

Depois, para cada problema identificado, o Gerente do Projeto deve:

- Identificar alternativas;
- Selecionar a melhor solução;
- Gerar as ações com responsável e data de término;
- Acompanhar o andamento das ações;
- Divulgar solução e garantir alinhamento dos envolvidos na solução;
- Facilitar a comunicação;
- Manter relacionamentos bons e construtivos entre as diversas partes interessadas;

Sempre lembrando de envolver os responsáveis para tomar as decisões e para executar as ações.

As questões não resolvidas ou mal resolvidas são fontes de conflitos e de atrasos no projeto e, muitas vezes, causa do cancelamento ou suspensão do projeto.

Documentar e tomar as ações necessárias a cada problema e monitorar as ações necessárias com responsáveis e datas é a melhor forma de solucionar os problemas de forma eficiente e ágil. Lembre-se também de documentar as soluções e decisões adotadas.

O registro das questões é uma das principais fontes de lições aprendidas do seu projeto. Você deve aprender com os problemas e trabalhar no sentido de evitá-los nos projetos futuros.

Exemplos, modelos e informações complementares em
https://escritoriodeprojetos.com.br/registro-das-questoes

Monitorar o engajamento das partes interessadas

> **Monitorar o engajamento das partes interessadas**
>
> **Monitorar relacionamentos e Ajustar estratégias para**
> - engajar partes interessadas
>
> - Manter ou aumentar a eficiência das atividades de engajamento à medida que o ambiente muda

Figura 3.18 Monitorar o engajamento das partes interessadas

Monitorar o engajamento das partes interessadas visa monitorar os relacionamentos entre essas partes e ajustar as estratégias para engajá-las, reduzindo resistências e aumentando o suporte ao projeto.

O principal benefício desse processo é a manutenção ou aumento da eficiência e eficácia das atividades de engajamento das partes interessadas à medida que o projeto se desenvolve e o seu ambiente muda. (PMI®, 2017)

Tabela 3.6 Entradas, Ferramentas e Saídas do Processo 13.4 Monitorar o engajamento das partes interessadas (Guia PMBOK®)

Entradas	Ferramentas	Saídas
Plano de gerenciamento do projeto	Análise de dados	Informações sobre o desempenho do trabalho
Documentos do projeto	Tomada de decisão	Solicitações de mudança
Dados de desempenho do trabalho	Representação de dados	Atualizações no Plano de gerenciamento do projeto
Fatores ambientais da empresa	Habilidades de Comunicação	Atualizações nos Documentos do projeto
Ativos de processos organizacionais	Habilidades interpessoais e de equipe	
	Reuniões	

Entradas

Plano de gerenciamento do projeto

Detalhado nas entradas do processo "Planejar o engajamento das partes interessadas" - Plano de gerenciamento do projeto.

Documentos do projeto

Detalhado nas entradas do processo identificar as partes interessadas - Documentos do projeto.

Dados de desempenho do trabalho

Os dados de desempenho do trabalho são os valores das métricas e observações geradas na execução das atividades do projeto.

Esses dados de desempenho são usados para gerar informações sobre o desempenho do trabalho para tomada de decisões que são apresentadas através de Relatórios de desempenho do trabalho.

Alguns exemplos sobre os dados de desempenho coletados:

- Medidas de desempenho técnicas;
- Percentual fisicamente terminado de uma atividade em andamento;
- Início e Término de uma atividade;
- Custos e Despesas realizados.

Uma das técnicas mais conhecidas para gerenciar o desempenho é o Gerenciamento do valor agregado que se baseia nos seguintes dados de desempenho:

- Valor Planejado (VP): Valor que deveria ser gasto, considerando o custo de linha da base;
- Valor Agregado (VA): Valor que deveria ser gasto, considerando o trabalho já realizado;
- Custo Real (CR): Custos reais para o trabalho já realizado por um recurso ou atividade até a data atual.

Atenção especial quando for coletar os dados de desempenho para identificar as partes interessadas que estão colaborando com a execução das atividades do projeto e as que estão resistentes para dar o devido tratamento. Estas informações não se encontram diretamente apresentadas nas análises numéricas acima, elas apresentam-se nos comportamentos e atitudes, como: postergações continuadas de ações e decisões, ausência em reuniões e principalmente nas conversas de corredores. Uma técnica muito usada para saber como estão a motivação e o comprometimento das partes interessadas são as pesquisas de clima e de eficácia de comunicação.

Fatores ambientais da empresa

Detalhado nas entradas do processo identificar as partes interessadas - Fatores ambientais da empresa.

Ativos de processos organizacionais

Detalhado nas entradas do processo identificar as partes interessadas - Ativos de processos organizacionais.

Ferramentas

Análise de dados

Análise de dados é um conjunto de métodos e técnicas para analisar os dados obtidos e chegar a conclusões relevantes para o projeto.

Abaixo, algumas das técnicas de análise de dados mais úteis para monitorar o engajamento das partes interessadas:

Análise de alternativas

Para analisar as diferentes alternativas a fim de engajar as partes interessadas e os resultados obtidos nas ações de engajamento.

Análise de Causa-Raiz

A análise de Causa-Raiz também conhecida como análise de Causa e Efeito é usada para analisar os motivos pelos quais as ações não têm resultado no engajamento esperado.

Uma das ferramentas mais usadas para analisar a causa-raiz é o diagrama de causa-efeito que também é conhecido como diagrama de espinha de peixe ou diagrama de Ishikawa.

Análise de Causa Raiz é composta de 6 Etapas:

1. Identificar o problema;
2. Selecionar equipe interdisciplinar baseado no conhecimento requerido para determinar as causas do problema;
3. Desenhar a caixa do problema e a seta principal;
4. Especificar as principais categorias (Básicas: Pessoal, Método, Material, Equipamento, Medidas e Ambiente);
5. Identificar as causas relacionadas para cada categoria (Ordem aleatória, importância, sequencial);
6. Identificar ações corretivas.

Análise de partes interessadas

Detalhado nas ferramentas do processo identificar as partes interessadas - Análise de dados - Análise de partes interessadas.

Tomada de decisão

São inúmeras as técnicas usadas para auxiliar na tomada de decisão. É importante você conhecê-las e saber qual é a melhor técnica a ser usada em cada uma das situações.

Para monitorar o engajamento das partes interessadas, o Guia PMBOK® sugere o uso das seguintes técnicas (PMI®, 2017, p. 534):

Análise de decisão envolvendo critérios múltiplos[16]

Usada para priorizar e ponderar as melhores estratégias a serem adotadas.

No *Kit* de Partes Interessadas foi incluído a planilha "Estratégias para engajamento com analise de decisão envolvendo critérios multiplos.xlsx" para apoiar você em uma análise das estratégias a serem adotadas usando critérios múltiplos.

O primeiro passo é definir objetivamente os critérios para selecionar as estratégias mais efetivas para seu projeto.

Abaixo os critérios e pesos usados na planilha do *Kit* para avaliar cada estratégia e priorizá-las:

Tabela 3.7 *Critérios para priorizar estratégias de engajamento*

Critério	Peso
Reduz resistência	5
Aumenta suporte	5
Probabilidade de gerar efeitos colaterais prejudiciais	5
Impacto dos efeitos colaterais caso ocorram	5
Reduz influência da pessoa resistente	5

A análise de decisão envolvendo critérios múltiplos auxilia na escolha das estratégias mais adequadas para o projeto e retira um pouco da subjetividade na seleção.

Além de definir bem os critérios, é importante que os mesmos sejam refinados de forma contínua.

Através de pesos definidos para cada critério, pode se classificar as estratégias selecionando as melhores para adoção.

Votação

Existem várias técnicas envolvendo votação, uma das mais efetivas é a Técnica de grupo nominal[17]

Ela é uma técnica mais estruturada e completa que o *brainstorming* e é usada principalmente na solução de problemas com principal objetivo de desenvolver consenso entre equipe sem que um integrante influencie o voto dos demais.

Ela é composta pelos seguintes passos:

- Gere ideias: cada participante escreve suas ideias em um papel;
- Recolha o material escrito por cada participante e registre as ideias;
- Reveja e discuta as ideias;
- Vote as ideias: cada participante prioriza as ideias que são ordenadas conforme votação.

Representação de dados

Detalhado nas ferramentas do processo identificar as partes interessadas - Representação de dados.

Habilidades de Comunicação

Detalhado nas ferramentas do processo gerenciar o engajamento das partes interessadas - Habilidades de Comunicação.

Para monitorar o engajamento, o Guia PMBOK® cita as seguintes técnicas (PMI®, 2017, p. 534):

- Mecanismos de *feedback*;
- Apresentações ou outras comunicações verbais.

Habilidades interpessoais e de equipe

Essas habilidades podem ser classificadas em interpessoais e de gerenciamento.

Para monitorar o engajamento, o Guia PMBOK cita as seguintes habilidades (PMI®, 2017, p. 534):

- Escuta ativa: um dos grandes problemas da humanidade na era da Internet é a falta de foco. As pessoas não conseguem mais manter a atenção em uma conversa por muito tempo e se dispersam facilmente. A escuta ativa é uma questão de conexão com a parte interessada e deve ser desenvolvida para aumentar sua compreensão. Se você não prestar atenção nas partes interessadas do seu projeto, dificilmente, você as entenderá e, por conseguinte, terá dificuldades em conseguir o engajamento delas. Uma pessoa somente se compromete com quem demonstra interesse verdadeiro por ela, e uma das condições para o engajamento e bom andamento do projeto é estar atento para aquilo que é falado e demonstrar compreensão;
- Consciência cultural: A cultura da organização interfere diretamente na efetividade das estratégias de engajamento. Por exemplo: se você tem uma cultura que estimula a competição e o conflito na organização, será muito mais difícil conseguir a colaboração das pessoas, e você deverá conhecer as metas das partes interessadas mais críticas para conseguir seu engajamento. Quanto mais você conhecer a cultura da organização, maior entendimento das estratégias mais efetivas. Veja mais no capítulo "A Cultura Corporativa e a mudança" no capítulo Gestão de Mudanças Organizacionais;
- Liderança (1 + 1 = 3): Grupos com um bom líder têm um melhor resultado em equipe do que a soma dos resultados de forma individual;

- <u>Networking</u>: A rede de relacionamentos, mais conhecida pelo termo inglês *Networking,* é essencial para ter sucesso em seus projetos. Os projetos dependem das pessoas, e o *networking* permitirá que você se aproxime das pessoas criando uma rede sólida de amigos que poderão ajudá-lo em seus projetos. O *networking* mais efetivo e duradouro é aquele feito de forma mais natural e construído com base em uma relação ganha-ganha entre ambas as partes;
- Consciência política: Conhecer a política da organização é conhecer suas estratégias, e saber como as pessoas são influenciadas e como usam seu poder, o que é fundamental para que você saiba como escalar as questões do projeto e adotar estratégias de engajamento usando o poder e a influência das pessoas na organização.

Reuniões

Detalhado nas ferramentas do processo identificar as partes interessadas - <u>Reuniões</u>.

Saídas

Informações sobre o desempenho do trabalho

As informações sobre o desempenho do trabalho são geradas para tomada de decisão a partir dos dados sobre o desempenho do trabalho e apresentadas nos Relatórios de desempenho do trabalho.

São exemplos de informações sobre desempenho:

- *Status* das entregas;
- Até que ponto os padrões de qualidade estão sendo atendidos;
- Estimativas para terminar as atividades que foram iniciadas;
- Lições aprendidas documentadas;
- Detalhes da utilização de recursos.

Exemplos, modelos e informações complementares em https://escritoriodeprojetos.com.br/informacoes-sobre-o-desempenho-do-trabalho

Solicitações de mudança

Detalhado nas saídas do processo identificar as partes interessadas - Solicitações de mudança.

Atualizações no Plano de gerenciamento do projeto

Conforme as partes interessadas vão sendo monitoradas e tratadas dentro do projeto, são necessárias atualizações no planejamento, principalmente, relacionada a como atender suas expectativas.

Atualizações nos Documentos do projeto

Um dos documentos mais importantes para manter as partes interessadas engajadas é o Registro das questões.

PARTE III

AS MUDANÇAS E OS CONFLITOS

4 Lidando com Conflitos

O que é conflito?

As diferenças entre as pessoas e equipes acontecem em vários aspectos da convivência como: valores, identidade, objetivos, interesses, estruturas organizacionais e funcionais, definições de papéis e responsabilidades, tempo, dinheiro, relações e informações. Nem todas as diferenças geram conflitos. As divergências e tensões ocorrem quando as partes envolvidas entendem que suas necessidades não podem ser satisfeitas simultaneamente, ou que desejam a mesma coisa, mas o acesso ao objeto do desejo é desigual.

Se o conflito não existisse, ou as pessoas nunca tivessem que gerenciar suas diferenças, não haveria desafio para pensar de forma diferente gerando novas oportunidades. Os desafios nos levam ao aprendizado e crescimento.

> Conflito é um local de possibilidades.

O que se percebe, de modo geral, é que as pessoas, grupos e sociedade receiam as consequências de deixar os conflitos explícitos, temendo a dificuldade de lidar com agressões, violências e rupturas. Agindo assim, perdem a oportunidade de abrir caminhos para mudanças que geram evolução para indivíduos, equipes, empresas e sociedade em que estão inseridos.

Nossa cultura busca minimizar ou esconder os conflitos, porém é como andar sobre um piso quebrado embaixo de um tapete; sem ver onde está pisando, você vai quebrando cada vez mais os ladrilhos. O livro "A arte da Guerra" (Sun-Tzu, 2002) diz que quanto mais cedo cuidamos de um problema menos consequência ele traz. Assim são as tensões geradas pelas diferenças; quanto antes percebê-las e endereçar as questões que elas revelam mais rapidamente, tudo flui para um caminho de menor resistência e mais colaboração.

A atitude de ignorar as discórdias e diferenças traz mais conflitos, desgastes e consequentemente maior probabilidade de insucesso e até cancelamento do projeto. A solução ágil dos problemas é crucial para o bom andamento e sucesso dos objetivos do projeto, pois reduz as perdas por retrabalho, decisões paralisadas e resistências, permitindo maior engajamento dos envolvidos.

Algumas frases que já ouvi ao longo da minha jornada em projetos:

- Mas o prazo, o custo e o escopo do projeto vão ficar impactados se eu der atenção para cada problema que surgir;
- Gerente de projeto deve ser diretivo, não pode perder o foco, se abrir espaço para discussão, perde o controle;
- Eu dou a solução porque é mais rápido;
- Não estou aqui para ser amigo e sim para trabalhar;
- Cada um com seus problemas.

Alguns fatos que observei:

- Projetos que foram implementados e completamente descaracterizados pelos usuários depois de entregues, porque não entendiam ou concordavam com o que foi desenhado;
- Funções implementadas que nunca foram usadas;
- Alterações feitas à véspera de implantar projetos, com muito esforço pessoal dos envolvidos, porque questões levantadas no início do desenho não foram consideradas;
- Relações interpessoais entre áreas de negócio e equipes de projeto completamente desgastadas na fase final de projetos;
- Pessoas que receberam a marca de resistente porque falavam o que não era "certo" para o projeto e mais à frente percebeu-se que muito do que fora dito tinha sentido e precisou ser refeito.

Dado que as pessoas têm histórias de vida, de formação, de cultura distintas, as diferenças sempre vão existir; a forma como lidamos com ela pode fazer a diferença entre realização, conquista e crescimento, ou desgaste e frustração.

Como as empresas, lideranças e pessoas convivem com o conflito?

Conhecemos o ditado "eu dou um boi para não entrar numa briga e uma boiada para não sair dela". Isso revela as atitudes normalmente encontradas em situação de divergência: luta ou fuga.

Em Auto-ajuda em Conflitos, o autor (Glasl, 1999) fala das atitudes de pessoas e culturas organizacionais, em relação ao conflito, classificando-as como receosas ou com vontade de brigar. Estas duas atitudes, quando presentes em várias pessoas de uma comunidade, podem levar a conflitos frios ou conflitos quentes, sendo que cada um deles, em seu extremo, leva à paralisia e morte por estarrecimento ou conduz à inconstância e autodissolução pela anarquia, respectivamente. A proposta é seguirmos um caminho intermediário desenvolvendo a habilidade em lidar com situações de tensão.

Quais são as suposições básicas que estão por trás das seguintes atitudes:

Tabela 4.1 Suposições atrás das atitudes

Receio de Conflitos	Habilidade em Conflitos	Vontade de Brigar
Desperdiçam energia, por isso é melhor tirar as mãos; Destroem muita coisa de forma desnecessária; Diferenças não têm solução.	Agressões são energias que podem ser transformadas positivamente; Ajudam a sair do convencional; Trabalhar as diferenças enriquece a todos.	Intensificam a vitalidade; A partir do caos, surge algo realmente novo; Consenso é uma ilusão, a guerra é a origem de todas as coisas.

Existem esperança e medo ligados a essas suposições, dependendo do estágio da tensão entre os envolvidos, do seu histórico e disposição para lidar com a questão. A atuação dos participantes pode acarretar resultados positivos ou riscos. Adaptando a visão de Friedrich Glasl (Glasl, 1999) para os projetos, listamos algumas situações de tensão e possíveis consequências:

Tabela 4.2 Possíveis resultados de atuação em situações de tensão

Situação	Resultado positivo	Risco
No projeto existem pontos de vista difusos.	Finalmente serem assumidas posições claras.	Endurecerem pontos de vista exagerados.
Pessoas não mostram seu perfil durante as discussões.	As pessoas ficarem claramente visíveis e perceptíveis.	Pessoas mostrarem traços extremos e fanáticos.
Estruturas e normas existentes rígidas atuam como empecilhos.	Formas estarrecidas serem dissolvidas.	Qualquer forma ser destruída, só restando caos e anarquia.
Hábitos mentais antigos estão profundamente enraizados.	Princípios e hábitos antigos serem questionados.	Surgir uma insegurança total sobre tudo.
Estruturas existentes de poder que impedem inovação.	Chegar a uma mudança que permita renovações.	Destruição da ordem.

Ficar fora da zona de tensão é o que todos querem. O senso comum é "tudo estará bem se resolver o problema encontrando uma solução". Você pode ter resolvido um problema, mas não necessariamente resolveu um conflito. Por quê? Primeiro, porque sua definição do problema e da solução pode ser diferente de outra pessoa. Sem entender como cada pessoa vê a diferença, pode gerar um endurecimento na situação de conflito. Segundo, porque sem endereçar o que está desconectado entre a comunicação das partes, você encontrou um contorno temporário e o conflito surgirá novamente em outra situação, e cada vez mais grave. Terceiro ponto a considerar é o nível de comprometimento com a solução; quando as pessoas estão conectadas com as necessidades, elas colaboram num outro nível de motivação.

O mediador John Paul Lederach, em seu livro Transformação de Conflitos (Lederach, 2012), diz que o conflito modifica as pessoas, dentro do contexto em que está inserido, de várias formas:

- Pessoal: atinge o bem-estar físico, a autoestima, a estabilidade emocional, capacidade de percepção clara, integridade, afetando as

pessoas no seu pensar, sentir e querer. Exemplos: sono perturbado, dores no corpo, desânimo, indisposição, não acredita mais em si mesmo;
- Relacional: aqui abrange a dimensão de interação e interdependência, aspectos de comunicação e interatividade são afetados. Traz à tona como as pessoas agem diante do poder, medo e esperança em relação ao trabalho e relacionamentos. Muda o relacionamento face a face, causa distanciamento entre as pessoas;
- Estrutural: o conflito afeta as estruturas organizacionais e políticas; a rede de poder informal passa a atuar com mais presença e o processo de tomada de decisão é afetado tornando-se lento e as vezes inconclusivo;
- Cultural: as pessoas entendem e reagem ao conflito de acordo com os padrões culturais do seu grupo, o conflito afeta a identidade do grupo e a percepção dos indivíduos de sentirem-se parte dele.

Como os conflitos se desenvolvem?

Os conflitos raramente são unilaterais, o mais comum é um processo circular de causa e efeito que se realimentam escalando pensamentos, sentimentos, palavras e ações em diversos níveis.

Como uma bola de neve, as diferenças de entendimento vão crescendo, inicialmente palavras são interpretadas com significado diferente pelas partes. As pessoas começam a julgar umas às outras buscando avaliar suas intenções com base na vivência, cultura e história de cada um. Os argumentos e retóricas são sempre os mesmos, os envolvidos não conseguem ver outras possibilidades. A discussão cresce do campo das palavras e ideias e tornam-se pessoais, começam a questionar a competência e habilidade do outro. O próximo passo é duvidar dos valores e ética do adversário, agora estão a caminho de serem inimigos. Buscam outras pessoas para obter apoio, travando uma luta do "bem" contra o "mal". A questão inicial se perdeu, o objetivo agora é derrotar o inimigo. Fica insustentável a convivência entre as partes envolvidas, um tem que sair, não cabem mais os dois no mesmo lugar.

Relembrando o ensinamento do livro "Arte da Guerra" (Sun-Tzu, 2002), quanto antes você perceber em você mesmo, e no ambiente em que está inserido, os sinais de tensão, os recursos para lidar com eles serão mais eficientes e haverá menores consequências para o projeto e para os envolvidos. Num projeto em que dois clientes ou dois membros de uma equipe não se entendem, o gerente terá boa parte do seu tempo investido em negociações e discussões que não cessam. Parece um vírus, a cada momento acontece um tema novo que precisa ser alinhado. Evitar que as questões cheguem ao nível pessoal, buscar entender o que realmente as pessoas estão buscando e necessitando, quanto antes, além de reduzir o desgaste que a situação provoca para todos, cria espaço para novas possibilidades, porque ver uma situação por vários ângulos permite que outras alternativas surjam, acrescentando valor ao projeto e aprendizado para as partes envolvidas.

Quais recursos disponíveis para auxiliar a liderança?

Segundo os autores Little John e Domenici, citados em Mediação no Judiciário (Grosman & Mandelbaum, 2011), existem três chaves para o gerenciamento de uma situação de conflito:

- Ser reflexivo: olhar de forma crítica para as interpretações que as pessoas fazem umas das outras. Entender o significado que existe nas palavras;
- Trabalhar para a manutenção da relação: boas relações são alimentadas por afeto. Ser positivo, mostrar-se receptivo e dividir informação são comportamentos que reforçam esse afeto;
- Negociar padrões de comunicação que funcionem.

Vamos iniciar falando sobre os padrões de comunicação. O psicólogo norte-americano Marshall Rosenberg (Rosenberg, 2006) desenvolveu, divulgou, treinou e aplicou em vários países o seu método para comunicação que intitulou de comunicação não violenta, que vamos referenciar pela abreviatura CNV. Este termo vem da prática da busca da paz pela não violência, conforme ensinada por Gandhi.

O método proposto em seu livro Comunicação Não Violenta (Rosenberg, 2006) é composto de quatro grandes etapas, a saber:

1. Considerar os fatos concretos que estamos observando;
2. Perceber como nos sentimos em relação ao que estamos observando;
3. Compreender as necessidades, valores que estão gerando nossos sentimentos;
4. Pedir as ações concretas para atender nossas necessidades.

Essa sistematização ajuda as pessoas a saírem do seu automatismo de linguagem, mas o principal motivador dessa abordagem é uma mudança de paradigma, sair do modelo de certo ou errado, culpado ou inocente, vítima ou algoz, buscando um lugar de possibilidades, de necessidades atendidas que possam satisfazer a todos os envolvidos. Não se trata de poder sobre o outro, mas de poder com o outro para construir um cenário melhor.

O ponto central da CNV é a intenção de conexão, onde duas pessoas buscam conversar autenticamente e empaticamente.

O que é falar com autenticidade? Será que falarmos tudo o que pensamos é ser autêntico?

Uma conhecida parábola sobre os cegos e o elefante relata que encontrando numa estrada um guia conduzindo um elefante, os cegos quiseram conhecer o animal que nunca tinham encontrado anteriormente, assim cada um deles apalpou uma parte do animal e fez diversas inferências sobre o que seria. Claro que não tiveram a compreensão do que seria o elefante, pois além de cada qual perceber apenas a parte que havia tocado, mesmo assim interpretaram algo diferente da realidade que não viam.

Figura 4.1 Adaptação de os cegos e o elefante

Assim acontece em muitas situações com que nos deparamos no dia a dia. Conhecendo apenas uma parte da história, preenchemos as lacunas com hipóteses baseadas em nossa experiência e interpretação. As vendas de nossos olhos são nossos modelos mentais, nossas histórias, nossas crenças e muitas vezes nossas emoções.

Assim, para falar com autenticidade, precisamos antes de mais nada saber separar os fatos dos julgamentos e esta tarefa é um grande desafio, pois somos muito bem treinados em nossa cultura para analisar, julgar, criticar, condenar e proferir a sentença. Fazemos isso tão automaticamente que não percebemos como nosso pensamento e, consequentemente, nossa fala está impregnada deles.

Vamos ver alguns exemplos:

Tabela.4.3 *Exemplos de Julgamento e Observação*

Julgamento	Observação	Comentário
Ontem, João estava com raiva de mim sem nenhum motivo.	*João me disse que estava com raiva; João esmurrou a mesa.*	Como sabe que João estava com raiva? Por que julga que é sem nenhum motivo? Qual fato foi observado que sustentou a avaliação?
João é um bom funcionário.	*Durante todo o projeto, entregou seus relatórios na data, sem erro.*	Mesmo um elogio é um julgamento. Quanto mais clareza houver nos critérios de sua avaliação, as pessoas que a ouvem entendem o que você valoriza e podem escolher como se portar no futuro.
Ele não está interessado na reunião.	*Enquanto eu estou apresentando o* status report, *ele está respondendo mensagem no celular.*	Estar respondendo ao celular é um fato. Isso não significa que a pessoa não está interessada na reunião.
José frequentemente deixa sua mesa desarrumada.	*Esta semana José deixou três vezes seu material de trabalho espalhado por todo o espaço da mesa.*	Quanto é frequentemente? O que é desarrumado para uma pessoa pode não ser para outra.

Quando falamos de observações, estamos nos referindo a dados mensuráveis e objetivos, e, quando fazemos julgamentos ou avaliações, estamos colocando a nossa inferência pessoal e usando de subjetividade. Claro que não iremos parar de avaliar, porém precisamos separar nossas avaliações, opiniões e julgamentos dos fatos. Pode-se dizer que "na minha avaliação, esta mesa é desarrumada", ou "eu interpreto que ele não está interessado na reunião", assim assumimos que isso é o que avaliamos e deixamos uma abertura implícita para a possibilidade de alguém ver diferente.

> Os julgamentos que emitimos geram impactos em quem os ouve e o grau desse impacto irá determinar o futuro das conversas.

Cuidados sugeridos para minimizar impactos negativos: evitar generalizações, classificações, julgamentos, comparações de pessoas. Usar descrição clara como a lente de uma máquina fotográfica.

Muitas situações de conflito que se encontram no nível inicial da escalada de conflito, podem ser resolvidas com uma ampliação do entendimento da situação por todas as partes separando os fatos dos julgamentos, compilando e entendendo os pontos de divergência.

O biólogo chileno Humberto Maturana, em Árvore do Conhecimento (Maturana & Varela, 2001), diz que todo existir humano acontece no diálogo e todas as atividades humanas dão-se como sistemas de conversação. Leonard Wolk (Wolk, 2008) diz que a linguagem "é ação, falar é agir, que em seu caráter gerador e transformador ela cria realidades e nos possibilita projetar o futuro". Assim, é importante refletir sobre *que futuro nossas palavras estão construindo*.

Falar de sentimento é demonstração de fraqueza e vulnerabilidade?

Embora na vida organizacional muitas pessoas considerem demonstrar suas emoções como sinal de fraqueza ou vulnerabilidade, elas existem e não são opcionais. Elas fazem parte das tensões do dia a dia e deixá-las de lado não irá facilitar o tratamento das questões. Na CNV, aprende-se que as emoções são o semáforo de nossas necessidades atendidas e não atendidas, observando-as podemos entender o que não está bem em nós e ao nosso redor.

A neurociência tem contribuído com várias descobertas nos últimos anos, especialmente ligadas aos sentimentos e às reações que acontecem em nosso cérebro a partir daquilo que vivenciamos.

Resumindo um tema complexo introduzido por Daniel Goleman em Inteligência Emocional (Goleman, 1995), temos um componente em nosso cérebro conhecido como amígdala, que é acionado assim que algo ameaçador nos acontece. Ele está presente como mecanismo de sobrevivência. Quando acontece uma situação que dispara uma percepção de risco ou perigo, a amígdala entra em ação colocando uma série de mecanismos e componentes de defesa do nosso organismo em ação. Nessas condições, fica momentaneamente bloqueada a ação do outro componente de nosso cérebro que é o neocórtex, o qual age olhando soluções, contexto, caminhos, enfim reações que chamamos de racionais, o cérebro pensante. Pessoas que desenvolvem uma boa inteligência emocional administram a ação da sua amígdala, evitando as reações explosivas. Como isso acontece?

Um dos primeiros passos é aprender a conhecer as emoções, elas se manifestam no corpo de formas variadas como aperto no peito, dor no estômago, peso nas costas, dor na cabeça e assim por diante, depende de cada um. Reconhecendo que algo está errado, o próximo passo é aliviar os efeitos que está causando e pode-se fazer isto de várias formas:

- Tomar água;
- Respirar;
- Contar até 10, ou mais;
- Pedir licença e sair um pouco do ambiente.

O ponto principal é reconhecer para você mesmo o que está sentindo. William Ury, conhecido mediador internacional (Ury, 2015), chama de ir "para a varanda", ou seja, afastar-se da situação e perceber de fora o que está sentindo, que pensamentos estão vindo, como seu corpo está reagindo, assim, desse lugar, você passa a ter melhor domínio sobre si mesmo. Vamos aprender um pouco mais sobre a CNV e os sentimentos através de uma pequena estória, trazida por Marie Miyashiro no livro Empathy Factor (Miyashiro, 2011).

Suponha a seguinte situação: você está gerenciando um projeto que está enfrentando muitos desafios, a agenda de reuniões está muito concorrida e você precisa falar com um gerente da área de negócios, que é corresponsável pelo projeto, para discutir alternativas de encaminhamento de algumas questões críticas.

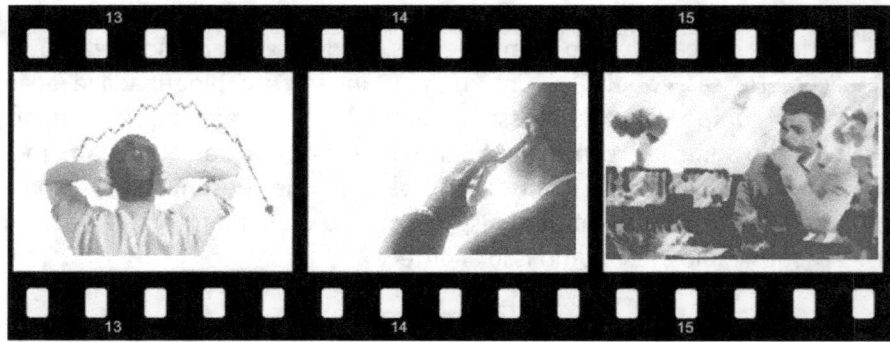

Figura 4.2 Adaptação de almoço de trabalho

Conversou com ele por telefone e combinou um almoço às 12h num restaurante perto do escritório. Você saiu do escritório às 11h45 e chegou pontualmente às 12h, pediu a mesa e ficou aguardando o outro gerente chegar. Eram 12h10 e ele ainda não havia chegado, você começou a responder *e-mails*, mensagens diversas no *WhatsApp*. O tempo passou, eram 12h30: ele não chegou no restaurante e não enviou notícias. O que você estaria sentindo nessa situação?

Vejamos algumas possibilidades:

Tabela 4.4 Pensamentos e Sentimentos

Pensamentos	Sentimentos
Ele é rude.	Irritado.
Ele me desrespeitou.	Ferido, magoado, ressentido.
Ele está com algum problema?	Preocupado.
Posso relaxar um pouco na semana.	Feliz.
Espero que ele goste de minhas propostas.	Nervoso.

O que podemos observar na tabela acima é que existem reações diferentes ao que chamamos de estímulos, no caso em questão o não comparecimento ao almoço. A mesma situação pode provocar pensamentos, interpretações e sentimentos diferentes que irão direcionar a reação de cada um ao evento ocorrido. Na CNV, trabalhamos com um outro elemento que denominamos necessidades, são os motivadores internos, podemos dizer valores, que em última análise nos movimentam. Nossos sentimentos estão conectados com nossas necessidades básicas, que, como diz Marshall Rosenberg (Rosenberg, 2006), são "aquilo que enriquece nossa vida".

Um cuidado que precisamos ter quando falamos de sentimentos é não os misturar com julgamentos. Por exemplo: "eu me sinto abandonado", "eu me sinto injustiçado", "eu me sinto incompreendido" e assim vai. Nessas expressões, estamos avaliando a atitude de outra pessoa. Os sentimentos podem ser: frustração, tristeza, irritação, desilusão, angústia, raiva e assim por diante. Para ajudá-lo a entender a diferença, perceba que os pensamentos e julgamentos acontecem na nossa mente e os sentimentos acontecem no nosso corpo.

Existe um vocabulário muito grande de sentimentos que não aprendemos a empregar, mas não significa que eles não estão presentes, estão lá embaixo do tapete.

Figura 4.3 Quadro de sentimentos

Necessidade: A chave para o campo de possibilidades

Em muitas situações, adotamos um mecanismo automático conhecido como elevador de inferência que se processa assim: detectamos uma condição de insatisfação, acessamos nosso repertório de soluções conhecidas e testadas, escolhemos aquela que avaliamos ser a melhor para o momento e a adotamos como o caminho. Passamos a nos apegar a ela, afinal vem de nossa experiência reconhecida.

Essa estratégia que adotamos e à qual nos apegamos é o que os autores do livro "Como chegar ao SIM" (Fisher, et al., 1994) chamam de posição, que eles diferenciam de interesses, da seguinte forma "sua posição é algo que você decidiu. Seus interesses são aquilo que fez com que você se decidisse dessa forma".

Assim, a chave para um caminho de possibilidades numa situação de conflito é dar um passo para trás, sair da posição ou estratégia adotada e olhar os interesses ou necessidades que estão presentes. Você irá se surpreender com quantas necessidades são semelhantes, ou se complementam, e como as estratégias e soluções podem ser enriquecidas quando se amplia o olhar envolvendo todas as necessidades.

Na estória do gerente esperando no restaurante, descrita anteriormente, vamos acrescentar mais uma coluna, buscando identificar as necessidades presentes:

Tabela 4.5 Pensamentos, Sentimentos e Necessidades

Pensamentos	Sentimentos	Necessidades
Ele é rude.	Irritado.	Consideração.
Ele me desrespeitou.	Ferido, magoado, ressentido.	Respeito.
Ele está com algum problema?	Preocupado.	Segurança, cuidado.

Pensamentos	Sentimentos	Necessidades
Posso relaxar um pouco na semana.	Feliz.	Paz, sossego.
Espero que ele goste de minhas propostas.	Nervoso.	Colaboração.

Na Comunicação Não Violenta (CNV), existe um passo que vai além de separar interesses de posições, propõe-se a empatia, que envolve perceber os sentimentos e as necessidades que estão presentes num momento de conversa difícil. Nas palavras de Marshall Rosenberg (Rosenberg, 2006), a *empatia é a compreensão respeitosa do que os outros estão vivendo*. Este processo envolve as duas direções: primeiro, entender o que está se passando com você, conhecido como autoempatia e depois entender o que se passa com o outro.

No caso do restaurante, tabela 4-5, você pode reconhecer que está frustrado com o fato de o colega não ter comparecido ao almoço porque necessita de colaboração. Assim você está irritado, nervoso, ansioso necessita comprometimento e apoio, reconhecer estas suas necessidades e sentimentos é o que se chama autoempatia. Em relação ao seu colega, você não sabe o que aconteceu, pode inferir algumas hipóteses, porém só saberá o que aconteceu quando o encontrar. O resultado desse encontro irá depender de quanto você está disposto a ouvi-lo e entender suas necessidades e principalmente o que você busca para melhorar a tua vida.

Sem dar espaço para seus sentimentos e necessidades, você não conseguirá abrir espaço para um olhar aberto às necessidades do outro. Existe uma parábola que fala dos irmãos que jogam sementes para plantar árvores: um deles joga num terreno rochoso e duro e outro num terreno arado preparado para receber a semente, esta última fertiliza e a outra morre. Assim é a autoempatia, e a empatia para as conversas difíceis são a preparação do terreno para receber a semente, que no caso é o diálogo.

Há três níveis distintos de conexão empática nos locais de trabalho: conectar-se ao nosso próprio estado interno, conectar-se com outros — desde colegas até consumidores finais — e conectar-se com toda a equipe ou organização. Em muitas situações, senão a maioria, a qualidade das relações está baseada na satisfação das necessidades humanas básicas como confiança, respeito, autonomia, compreensão e significado. Quando essas necessidades não são atendidas, a produtividade, os serviços e os lucros sofrem.

Em Empathy Factor (Miyashiro, 2011), a autora compilou uma lista de necessidades presentes nos lugares de trabalho. Abaixo, segue um macroagrupamento e alguns detalhamentos:

Tabela 4.6 Macro lista de necessidades

Macro agrupamentos	Detalhamento
Recursos, necessidades físicas.	Água, conforto, privacidade, equipamentos, segurança física.
Comunicação, formação.	Clareza, treinamento, informação.
Autoridade, empoderamento.	Autonomia, liberdade.
Responsabilidade, integridade.	Sinceridade, contribuição, progresso, desafio.
Integração.	Apreciação, cooperação, apoio, respeito.
Autoexpressão, criatividade.	Desenvolvimento, criação.
Autoalinhamento.	Inspiração, significado.
Celebração.	Humor, comemoração.

Para saber as necessidades de alguém, nada mais simples do que perguntar, buscar identificar se a pessoa está trazendo necessidade ou estratégia, interesse ou posição. Uma dica muito simples é perceber se o pedido dela envolve atividades de outras pessoas neste caso ela provavelmente está referindo-se a uma estratégia. Então, perguntar por que, por que, por que....

Um dos elementos mais importantes para estabelecer uma conexão empática é a escuta, que se diferencia do ouvir, pois escutar implica não impor barreiras prévias às palavras do outro, possuir interesse sincero no que a outra pessoa tem a dizer, permitir que se revele para nós um outro diferente e uma abertura para a possibilidade de suas palavras nos transformar. Moisés Cordobero, místico da cabala judaica do século XVI, citado por Rafael Echeverria (Echeverria, 2008), diz que "O segredo do escutar sublime é saber escutar o bem". Escutando o outro, devemos ter como premissa que sua fala tem uma intenção boa, que busca atender suas necessidades.

Existem alguns recursos para ajudá-lo nesse processo, um deles é chamado de parafrasear. Na CNV, sugere-se que se repita em forma de pergunta o que acabamos de ouvir para confirmar o entendimento. Assim, podemos checar se entendemos corretamente o que a pessoa falou e ela também tem a oportunidade de perceber se expressou tudo o que queria dizer. O cuidado nessa técnica é de colocar-se na posição de confirmar o seu entendimento, com dizeres como: "Gostaria de confirmar se eu entendi o que você falou, eu ouvi...", jamais passar para a outra pessoa a percepção de que ela não se expressou corretamente. Repetir literalmente todas as palavras nem sempre é fácil em frases longas, no entanto, quanto mais fiel você for às palavras, maiores as chances de entendimento.

Outra ferramenta é a escuta empática, onde você escuta com seus ouvidos, mas você também, e, mais importante, escuta com seus olhos e com seu coração. Você ouve o sentimento, o significado e a necessidade. Você deve buscar relaxar sua mente, silenciar seu diálogo interior e ouvir o outro inteiramente, não através de suas interpretações. O contato visual, ficando numa posição frente a frente e olhando nos olhos, ajuda muito a aumentar sua escuta para além das palavras.

Fazendo acordos sustentáveis

Separamos fatos de julgamentos, identificamos os diferentes pontos de vista, escutamos empaticamente e percebemos sentimentos e necessidades presentes.

Para seguir devemos saber: qual é a minha intenção? Quero uma compreensão mútua? Estou disposto a acolher as necessidades deles? Quero uma relação entre dois seres humanos na qual todas as necessidades têm o mesmo peso (independentemente da diferença de poder gestor e colaborador)? No final, é uma escolha que eu faço a respeito de cada relação que eu tenho e, dependendo dessa escolha, vão surgir consequências diferentes. Se sua resposta for sim para as perguntas anteriores, seguimos usando a técnica da comunicação não violenta.

Se chegamos até aqui com real intenção de criar conexão com o outro, estabelecemos um ambiente de confiança em que os envolvidos possam expressar-se. Vamos ampliar o campo de novas possibilidades através de pedidos e ofertas, os quais uma vez aceitos geram planos.

Um pedido pressupõe que foram analisadas as necessidades envolvidas e estão claras para todos. A distinção básica inerente aos pedidos de comunicação não violenta é que eles não são exigências — o que significa que não há ameaça ou consequências negativas se o pedido não for aceito. Pedidos devem ser factíveis, expressos numa linguagem positiva e clara, evitando frases vagas, abstratas ou ambíguas. Devemos indicar ações concretas incluindo quais as condições de satisfação do pedido. Quanto mais claros formos, maior probabilidade teremos de conseguir o que necessitamos.

No livro "From Conflict to Connection" (Lasater, et al., 2015), os autores abordam um outro aspecto a considerar ao elaborar a lista de pedidos: deve existir um senso de interdependência. Isso significa que seu foco não é apenas ter as suas necessidades atendidas. Em vez disso, é tentar atender às necessidades da outra pessoa, assim como as suas, e pedir-lhes que façam o mesmo. A interdependência vem do entendimento de que não é provável que você tenha um resultado sustentável, a menos que as necessidades de todas as pessoas sejam atendidas.

Vamos exemplificar uma situação para que você perceba os componentes da comunicação apresentados.

Suponha que Antônio e Carla estão iniciando o planejamento das atividades de um novo projeto, e Antônio acha que ela pretende assumir todas as atividades que considera interessantes para ela mesma e deixar aquelas que julga como tarefas corriqueiras para ele e para os outros membros da equipe.

O que vemos aqui: avaliação ou fato? Antes de detalhar o planejamento e entender as atividades, Antônio está classificando as atividades de interessantes e corriqueiras, para as quais atribui pouco interesse. Além disso, está deduzindo que Carla está escolhendo as tarefas interessantes para ela.

Antônio decide conversar com Carla sobre a divisão de tarefas. Para fazê-lo, ele busca identificar quais são seus desejos e percepções e pensa em começar sua conversa com ela da seguinte forma: "Eu quero que você seja mais razoável e pare de atribuir todas as coisas interessantes para si mesma!"

Você, no lugar de Carla, como reagiria? Uma hipótese seria iniciar uma discussão sobre de onde ele deduziu que ela estava fazendo isso. Antônio poderia criar uma barreira de comunicação e teria muito esforço para restabelecer contato com ela.

Ele percebe, a tempo, as possíveis consequências dessa fala e conscientiza-se de que não é o que deseja. Antônio opta por uma linguagem de conexão, acessando suas necessidades mais profundas identifica que busca respeito e entusiasmo pelo trabalho, e reestrutura seu pedido. Quando fala com Carla diz: "Carla, você estaria disposta a se sentar comigo hoje para discutir como podemos dividir o trabalho do projeto de uma forma que permita a todos sentir motivação e contribuir para o projeto?"

Após expressar o pedido, é importante confirmamos se houve compreensão do que solicitamos e sabermos a reação da outra parte: o que pensa, o que sente, se está disposto a aceitar nosso pedido. Podemos ter reações como aceitar, declinar, pedir esclarecimento, comprometer-se ou renegociar, e sabermos dessa forma o caminho que trilharemos. O pior que pode acontecer é não sabermos o que a outra pessoa pensa ou fará. Nesse caso, passa a ser uma viagem no escuro para o futuro.

Conhecendo as necessidades de todos os envolvidos, as partes também podem fazer ofertas de ações para atender a necessidade do outro. Muitas vezes pedidos e ofertas se encaixam.

A transição entre as fases muitas vezes é bastante fluida, tanto você quanto a outra pessoa podem se sentir ouvidas e compreendidas e naturalmente se movem para a resolução. Se, no entanto, a qualquer momento um de vocês ou os dois perceberem que há diferenças de entendimento, vocês podem voltar para as fases anteriores alinhando as os pontos de vista, necessidades e interesses e retornando novamente aos pedidos.

Por fim, pedidos são diferentes dos acordos: os primeiros estão dizendo que você quer fazer algo, enquanto os segundos estão montando um plano de ação — com o compromisso e a intenção do que deve ser feito.

Resumindo o que falamos aqui, segue um guia rápido a fim de auxiliá-lo a preparar-se para uma conversa difícil:
1) Relembre a situação que você pretende abordar;
2) Descreva os fatos observáveis, como numa foto;
3) Relembre o que você pensou, quais os seus julgamentos e inferências;
4) Perceba os sentimentos que a situação provocou em você;
5) O que você esperava que tivesse acontecido, quais suas necessidades não atendidas. Cuidado! Separe necessidades de estratégia, investigue o porquê até chegar à raiz;
6) Quais os possíveis pensamentos da outra pessoa naquela situação;
7) Quais os sentimentos que ela estaria vivenciando;
8) Quais as possíveis necessidades da outra pessoa, aqui também busque o porquê atrás das estratégias e posições;
9) O que você diria a essa pessoa.

Dicas de Ouro

Abaixo, uma tabela dos princípios da resolução de conflitos, compilados por (Caspersen, 2016):

Tabela 4.7 Adaptada de Princípios da resolução de conflitos por Dana Caspersen

Facilite a escuta e a fala	
1. Não ouça o ataque. Escute o que se encontra por trás das palavras;	Sempre há necessidades não atendidas atrás de toda declaração, quanto mais agressiva a fala, mais crítica está a necessidade;
2. Resista ao impulso de atacar. Mude a conversa por dentro;	Fale do que é importante para você;
3. Fale com o melhor lado da outra pessoa;	O rumo da conversa depende de sua intenção;
4. Perceba a diferença entre necessidades, interesses e estratégias;	Sempre há formas diferentes de satisfazer uma necessidade ou um interesse, estratégias são escolhas de atendê-las;
5. Reconheça as emoções. Enxergue-as como sinais;	As emoções não são a origem dos conflitos, são termômetros que indicam a temperatura das conversas;
6. Diferencie reconhecimento de acordo;	Reconhecer uma posição ou interesse não significa concordar com ela, mas diz ao outro que você o ouviu;
7. Ao ouvir, evite dar sugestões;	Empatia e simpatia são coisas diferentes. Enquanto a pessoa não se sente ouvida, sugestões soam como interrupção;
8. Diferencie avaliação de observação;	Observações são fatos que ajudam a esclarecer as situações; avaliações podem provocar atitudes de defesa. Saiba diferenciá-las e colocá-las cuidadosamente;
9. Teste seus pressupostos. Desista deles caso sejam falsos;	Cuidado com as lacunas de informação, investigue hipóteses;

Mude o tom da conversa	
10. Desenvolva a curiosidade em situações difíceis;	Sabedoria de continuar perguntando;
11. Pressuponha que o diálogo é útil e possível, mesmo quando parece improvável;	Busque entender as necessidades, esclareça os pontos de vista, use escuta ativa;
12. Se você está piorando as coisas, pare;	
13. Descubra o que está havendo, não de quem é a culpa;	
Procure meios de avançar	
14. Reconheça o conflito. Converse com as pessoas certas sobre o problema real;	Permita que os problemas sejam expostos e encare-os de frente;
15. Pressuponha que existem opções ainda não descobertas. Busque soluções que as pessoas apoiem voluntariamente;	Busque uma solução duradoura que satisfaça todos os envolvidos em certo grau. Não corra para obter uma solução, permita o surgimento de novas ideias, envolva as pessoas para que elas participem e assim se comprometam com as soluções acordadas;
16. Seja explícito ao fazer acordos. Seja explícito quando eles mudarem;	Tenha certeza de que todos estão concordando com a mesma coisa, teste o acordo para ver se está adequado às necessidades da situação;
17. Espere conflitos no futuro e planeje-se para eles.	Converse sobre como lidar com problemas que possam surgir no futuro.

Para além de todas as dicas e técnicas apresentadas neste capítulo, devemos lembrar que lidamos com pessoas e não temos uma fórmula pronta, replicável ou infalível no relacionamento interpessoal.

Em projetos, encontramos comportamentos diferentes dos nossos, do que esperamos ou desejamos. Podemos julgar, rotular e marcar pessoas com nossas avaliações, mas por trás das atitudes que criticamos estão insegurança, medo, irritação, angústia, necessidade de reconhecimento, de pertencimento, de realização, de autonomia, de liberdade. Algumas pessoas buscam detalhes para entender uma proposta, outras necessitam de uma inspiração ou visão para seguir uma ideia, há quem precise de um objetivo claro, ou saber como ficarão as pessoas e os elos com o passado. Umas querem saber dos valores monetários, outras querem saber da posição de mercado, da sustentabilidade, da imagem da empresa, do futuro, da sobrevivência, enfim um caldeirão de sentimentos e necessidades muitas vezes inconscientes ou incompreendidos.

Há muitas formas de se alcançar um objetivo, há poucas formas de fazê-lo de forma sustentável para todos, permitindo que todos encontrem realização, aprendizado, com qualidade de vida, crescimento e principalmente gerando credibilidade e engajamento em futuros projetos.

O caminho que acredito é pela via do diálogo: ouvir, entender e depois falar. Não vou negar que é trabalhoso, demanda paciência, tolerância, humildade e empenho. Não há caminho fácil, os meios constroem o fim, mas não há fim, estamos em constante construção e renovação do futuro, o grande avanço de hoje estará ultrapassado em breve, mas as relações interpessoais construídas perdurarão e sempre existem reencontros. Abordar as diferenças e conflitos como oportunidades de expandir o limite do conhecido, a zona de conforto, irá enriquecer a todos.

Se quiser conversar ou tirar alguma dúvida sobre o que foi escrito neste capítulo, escreva-me: fatima.patz@konversacio.com.br.

5 Gestão de Mudanças Organizacionais

Projetos e Mudanças: uma questão de alinhamento estratégico

Empresas são organismos vivos, estão em evolução, respondendo às necessidades dos clientes ou consumidores e ao próprio ambiente econômico-social em que estão inseridas. Os projetos e programas alinhados com iniciativas estratégicas devem apoiar a concretização das metas de negócio. De fato, eles são as ferramentas que irão gerar as mudanças necessárias para a evolução e expansão das empresas.

Pode-se dizer que no atual ambiente de negócios é muito pouco provável que as organizações realizem suas iniciativas estratégicas sem gerar mudanças comportamentais ou culturais, ou seja, alteração na forma de as pessoas atuarem.

Figura 5.1 Estratégia, Mudança, Projetos

Como o esquema da figura 5.1 exemplifica, alguns projetos atendem várias mudanças e algumas mudanças demandam vários projetos. Uma empresa não busca trocar seu sistema de gestão, ela busca aumentar sua eficiência ou eficácia na gestão, ela busca um novo modelo de atuação que a torne mais competitiva de acordo com sua escolha estratégica.

O que é Gestão de Mudanças Organizacionais?

Na publicação "Managing Change in Organizations – A practice Guide" (PMI - Project Management Institute, Inc, 2013), o gerenciamento de mudanças organizacionais é definido como uma abordagem abrangente e estruturada para a transição de indivíduos, grupos e organizações de um estado atual para um estado futuro atingindo os benefícios empresariais pretendidos. Ajuda as organizações a integrar e alinhar pessoas, processos, estruturas, cultura e estratégia.

A figura 5.2 mostra a diferença entre instalação de um projeto, onde não acontece a mobilização dos envolvidos, de forma estruturada, para trabalhar com o produto do projeto conforme planejado. Na implementação, acontece a mobilização dos envolvidos dentro dos princípios e práticas da Gestão de Mudanças Organizacionais percebendo-se diferença nos resultados ao longo do tempo.

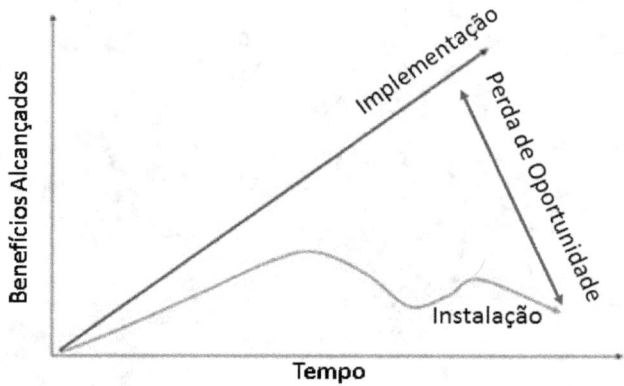

Figura 5.2 Implementação X Instalação, adaptado de 'Change First'

O que a experiência nos mostra é que todas as implantações possuem uma curva de aprendizado para que sistemas, processos e estruturas operem conforme esperado. Podemos dizer que com práticas de Gestão de Mudanças Organizacionais esta curva é acelerada e os resultados tendem a persistir no decorrer do tempo.

Abaixo, uma adaptação do *framework* proposto pelo livro "Managing Change in Organizations – A practice Guide [2013, p. 20] para alinhar as mudanças com os objetivos de negócio da empresa.

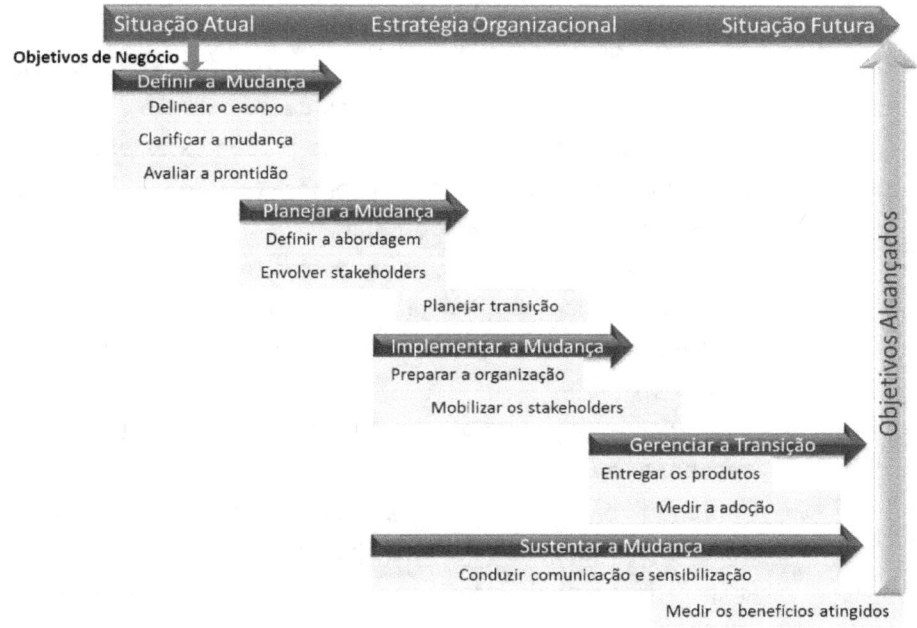

Figura 5.3 Framework *de referência adaptado*

Essas atividades podem ser abordadas de modo integrado com a Gestão de Projetos dentro das fases de Iniciação, Planejamento, Execução e Controle. O Encerramento do Projeto e da Gestão de Mudanças Organizacionais podem ocorrer em momentos diferentes, pois a mudança caminha além da entrega do produto do projeto, ela acompanha a adoção do sistema ou sistemática e o atingimento dos resultados esperados. Este ponto introduz uma questão na abordagem sobre quem deve conduzir a mudança: o Gerente de Projeto ou o Gestor de Negócio?

Independentemente desta decisão, o Gerente de Projeto precisa conhecer as práticas e trabalhar em parceria com quem está gerenciando a mudança organizacional, pois ela faz parte do resultado que se busca alcançar.

Observando o modelo da figura 5.3, vemos várias atividades de gestão de mudança que estão ligadas com a gestão das partes interessadas, quais sejam:

- Clarificar a mudança: envolve as lideranças da empresa alinhadas no que é a mudança e como afetam o escopo do projeto;
- Avaliar a prontidão: entrevistas e pesquisas com as lideranças e áreas envolvidas para avaliar o grau de preparação e impacto que a mudança irá acarretar. Aqui estão presentes as expectativas e preocupações dos gestores e lideranças sobre o produto que o projeto e a mudança irão entregar;
- Planejar o envolvimento das partes envolvidas: analisar os diversos públicos e planejar como prepará-los para receber a mudança. Envolve treinamento, reuniões, comunicações, *workshops*;
- Preparar a organização: ajustar processos e estruturas para receber a mudança que o projeto introduz;
- Mobilizar partes interessadas: preparação das pessoas para receber as mudanças. Envolve apoiá-las a entender os ajustes em suas rotinas e ajudá-las a superar o medo do desconhecido;
- Conduzir a comunicação: diferente da comunicação do projeto, quando se fala em mudança, comunica-se o conteúdo do que será alterado nas atividades, os benefícios esperados e os impactos decorrentes;
- Medir a adoção: avaliação junto aos envolvidos sobre o uso do novo sistema ou modelo, entender as dificuldades e adequações que devem ser realizados para a plena adoção.

Como gerenciar a absorção da mudança na organização para concretizar as metas de negócio?

A obra "O Coração da Mudança" (Kotter, 2002) diz que "as pessoas mudam muito menos com base em análises que moldam seu raciocínio do que por força da visão de uma verdade que influencia seus sentimentos.". Com base em ensinamentos extraídos da experiência de cerca de 130 organizações que responderam a uma pesquisa, o autor acrescentou ao seu modelo de oito passos da mudança as dimensões de ver, sentir e mudar. Essas etapas podem ocorrer simultaneamente ou não, mas devem ser vivenciadas e ultrapassadas integralmente – sob pena de as mudanças ocorrerem, mas não perdurarem.

Estes passos acontecem em diferentes etapas do projeto e são diretrizes para quem conduz o projeto e a mudança.

1. Estabelecimento de um senso de urgência

Trata-se de descongelar o *status quo*, e o grande desafio é sair do estado de complacência. O que se busca nesta fase é entender o mercado, a realidade dos concorrentes. Identificar e discutir as crises implantadas, as crises potenciais ou oportunidades reais. O ponto crítico nesta etapa é que as lideranças entendam e se alinhem sobre por que a mudança e/ou projeto são necessários, o que acontece se não for implementado? Este passo deve ser trabalhado na fase de iniciação do projeto. O que funciona para gerar o sentimento de urgência e levar as pessoas a dizer "Vamos!":

a) Demonstrar a premência da mudança, por meio de objetos que as pessoas possam realmente ver, tocar e sentir. Exemplo: fala de clientes, visita física a locais de trabalho;
b) Apresentar evidências drásticas e consistentes, oriundas do ambiente externo, que comprovem a necessidade de mudança;
c) Buscar continuamente maneiras baratas e fáceis de combater a complacência. Algumas fontes de complacência: falta de *feedback* de desempenho, cultura de pouca confrontação, pouca sinceridade, otimismo exagerado da gerência sênior, ausência de crise maior ou aparente;
d) Jamais subestimar a intensidade da complacência, da raiva e do medo, mesmo em organizações saudáveis.

2. Criação de uma coalizão administrativa

Uma equipe de orientação necessita de confiança, comprometimento emocional e espírito de grupo para levar o trabalho a bom termo. Esse grupo precisa de autoridade suficiente para liderar a mudança. Para uma coalizão administrativa eficaz, a formação da equipe deve contemplar entre seus participantes aqueles que possuam poder de decisão, especialização, credibilidade, liderança. Essa equipe de coalizão deve ser estruturada na iniciação do projeto. O que funciona:

a) Mostrar entusiasmo e comprometimento em atrair as pessoas certas para o grupo;
b) Servir como modelo da confiança e do trabalho em equipe;
c) Estruturar formatos de reuniões para a equipe de orientação, de modo a atenuar a frustração e acentuar a confiança;
d) Desenvolver um objetivo comum, suscetível à mente e atraente ao coração.

3. Desenvolvimento de uma Visão e Estratégia

Neste passo, cria-se a imagem possível do futuro, através de um quadro atraente, que é a visão e uma lógica sobre como essa visão pode ser alcançada, que é a estratégia. Uma visão eficaz deve ser imaginável, desejável, viável, concentrada, flexível, comunicável. No desenvolvimento da estratégia, a equipe de coalizão deve ser capaz de responder: Que mudança é necessária? Qual é a nossa visão da nova organização? O que deve ser alterado? Qual a melhor maneira de converter a visão em realidade? Que estratégias de mudança são perigosas a ponto de se tornarem inaceitáveis? O que funciona:

a) Tentar ver, literalmente, futuros possíveis;
b) Desenvolver visões tão claras que seja possível expressá-las verbalmente em um minuto e por escrito em uma página;
c) Criar visões comoventes, como o compromisso de servir às pessoas;
d) Desenvolver estratégias bastante audazes para converter em realidade visões ousadas;
e) Prestar muita atenção à questão estratégica de como promover a mudança com rapidez.

4. Comunicação da Visão da Mudança

Neste passo, deve-se promover a compra da mudança através da comunicação, objetivando a adesão de uma massa crítica de envolvidos. Utiliza-se cada veículo possível para comunicar constantemente a nova visão e estratégias. A coalizão administrativa deve modelar o comportamento esperado dos funcionários. Os elementos-chave para comunicar a visão são simplicidade, uso de metáforas, analogias e exemplos, utilizar múltiplos fóruns, repetição, liderança através de exemplos, explicação de inconsistências aparentes, comunicação de mão dupla. O que funciona:

a) Manter o processo de comunicação simples e franco, em lugar de complexo e tecnográfico;
b) Fazer o dever de casa antes de comunicar-se, sobretudo para compreender o sentimento das pessoas;
c) Falar das ansiedades, confusão, raiva e desconfiança;
d) Retirar o lixo dos canais de comunicação, para que as mensagens fluam com rapidez e sem distorções;
e) Usar novas tecnologias para ajudar as pessoas a compreender a visão (intranet, videoconferência etc.).

5. Empoderamento para a Ação

Este termo possui muitas conotações. Kotter (2002) emprega o termo no sentido de eliminar barreiras que são: impostas pelo chefe, pelos sistemas mentais e informacionais. O processo consiste em reunir dentro de cada um a suficiente massa crítica de coragem e autoconfiança e encorajar para correr riscos e usar ideias, atividades e ações não convencionais. O que funciona:

a) Recorrer a pessoas com experiência em processo de mudança, capazes de impulsionar a autoconfiança por meio de casos de sucesso;
b) Desenvolver sistemas de reconhecimento e recompensa que inspiram a criatividade e promovam o otimismo e construam a autoconfiança;
c) Fomentar *feedback* capaz de ajudar as pessoas a tomarem melhores decisões relacionadas com a visão;
d) Preparar gerentes paralisados, atribuindo-lhes novas tarefas que demonstram com nitidez a necessidade de mudança.

6. Realização de conquistas a curto prazo

Vitórias de curto prazo aumentam a fé na viabilidade da mudança, recompensam emocionalmente os que trabalharam duro, mantêm os críticos a distância e sustentam o impulso. Nesta etapa, o foco é fundamental, usar o tempo disponível concentrando-se em tarefas nas quais seja possível realizar com rapidez ações visíveis, inequívocas e expressivas. As características dessas ações de curto prazo:

a) Um grande número de pessoas possa ver por elas mesmas se o resultado é real ou um alarde;
b) Não ser ambíguo, pouca margem de discussão sobre o resultado;
c) Ser claramente relacionado ao esforço da mudança;
d) Sensibilizar atores poderosos, cujo apoio é necessário, mas com o qual ainda não se conta.

7. Consolidação de ganhos e produção de mais mudanças

As mudanças principais levam um bom tempo para se consolidar, especialmente em grandes empresas. Realizar e comemorar as conquistas de curto prazo é importante, mas deve-se manter o senso de urgência, lembrando que a resistência irracional nunca é completamente dissipada. No começo do esforço de mudança, selecionam-se as questões fáceis, ficando os pontos complexos onde há interdependência para as próximas etapas. O que funciona:

a) Uso da credibilidade conquistada para mudar todos os sistemas, estruturas e políticas incompatíveis e que não se adéquam à visão de transformação;
b) Contratação, promoção e desenvolvimento do pessoal que possa implementar a visão de mudança;
c) Revigoramento do processo com novos projetos, temas e agentes de mudança;
d) Descartar tarefas que foram relevantes no passado, mas que já não são importantes.

8. Estabelecimento de novos métodos na cultura

Os saltos para o futuro podem transformar-se em retornos para o passado, pela força poderosa da cultura e da tradição. Para manter-se o ritmo da mudança, é necessário o desenvolvimento de nova cultura organizacional vigorosa que propicie o enraizamento das novas formas de operação, estruturas, estratégias e processos gerados. O que funciona para fixar a mudança na cultura:

a) Depende dos resultados: os novos métodos normalmente penetram em uma cultura somente depois que estiver claro que são superiores aos antigos métodos;
b) Exige um bocado de conversa: contar histórias tocantes, repetidas vezes, sobre a nova organização, o que faz e por que é bem-sucedida;
c) Explorar o processo de promoção de pessoal, a fim de transferir pessoas que agem de acordo com as novas normas, para posições influentes e visíveis;
d) A maioria das alterações nas regras e valores compartilhados ocorre no final do processo de transformação. Articular as conexões entre os novos comportamentos e o sucesso organizacional.

A curva da mudança

Quando uma mudança é anunciada, em muitas situações ouvimos algumas frases bem conhecidas como:

- Não vai dar certo;
- Eu não tenho tempo para este projeto;
- Daqui a pouco mudam tudo de novo;
- Vou esperar para ver se é de verdade.

O que está por trás dessas frases?

Figura 5.4 Adaptação de Iceberg *da Mudança*

Como o desenho do *Iceberg* da figura 5.4 mostra, as mudanças atuam nas emoções das pessoas envolvidas, podendo afetá-las de diferentes formas, conforme seu momento de vida, jeito de ser, vivências em projetos, ou seja, sua experiência.

Normalmente, mudanças trazem uma nova forma de trabalhar que afeta os processos mentais, crenças e paradigmas das pessoas. Elas sabem a rotina e conhecem bem todos os atalhos para conseguir realizar seu trabalho e a partir de agora não saberão mais. Pense numa situação hipotética: um dia acontece uma obra na cidade em que mora e você precisa mudar seu trajeto para o trabalho. Parece que o caminho fica mais longo, você não conhece as condições das ruas, não sabe como é o trânsito, não sabe os semáforos, cruzamentos, a paisagem é completamente estranha, não consegue dimensionar o tempo para chegar ao seu destino. No dia seguinte, parece mais fácil, porque consegue se organizar no trajeto, sabe como se posicionar melhor na rua. Depois de alguns dias, começa a perceber a paisagem e descobre que tem coisas interessantes. Passado algum tempo, percebe que o caminho é melhor.

Assim acontece com as pessoas quando recebem notícia de mudanças. A curva das fases da mudança, na tabela abaixo, mostra os estágios emocionais que as pessoas atravessam em situações de transição.

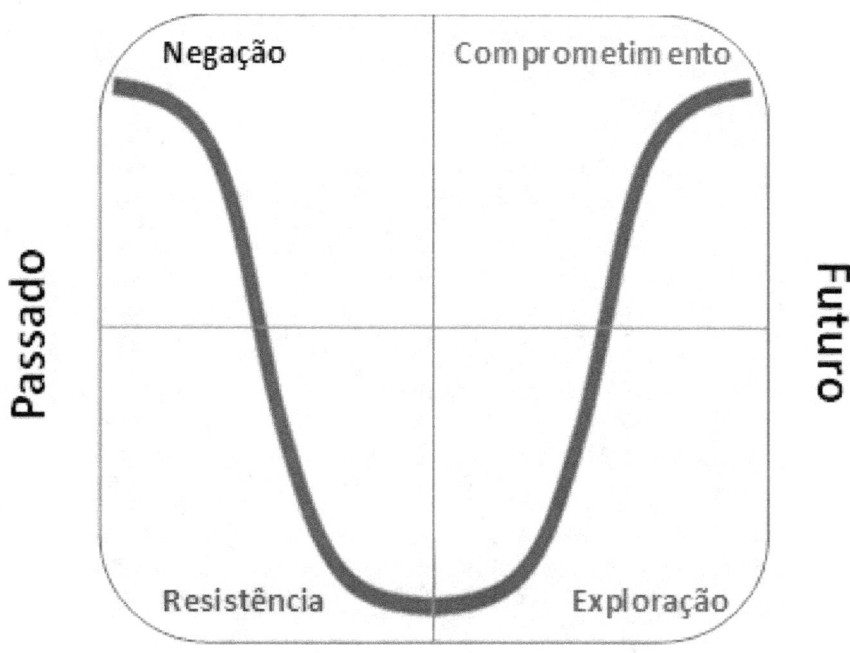

Figura 5.5 Curva da Mudança adaptada

A curva pode variar de profundidade, algumas etapas podem acontecer de forma mais rápida ou mais lenta de pessoa para pessoa e conforme a situação. Às vezes, esses estágios acontecem inconscientemente, porém podem estar se refletindo no sono, na alimentação, na saúde. Mesmo mudanças bem-vindas ou esperadas podem gerar insegurança e medo, como um novo emprego ou cargo.

Vamos conhecer um pouco de cada fase pela tabela 5.1

Tabela 5.1 Comportamentos e Recursos nas Fases da Mudança

Fase	Comportamentos e Emoções	Recursos para ajudar
Negação	Não acredita que vai dar certo; Fala: "Como o passado era bom", quer preservar o passado sempre desacreditando, foge da realidade; Sente segurança no que é conhecido;	Dar informação, conversar pessoalmente; Pessoas têm necessidades diferentes de informação: busque responder o que, porquê, como, quando, onde;
Resistência	Os sentimentos vão de raiva, medo, pânico, impotência, perda, insegurança; Expressões de recusa de mudar, descontrole emocional, tentativas de barganha, perda de motivação, acontece absentismos, atrasos nos horários de trabalho, atitude de vítima; O lado bom é que já admitem que a mudança irá ocorrer; e o melhor cenário é quando pessoas falam sobre o que as está incomodando, porque abrem espaço para conversar sobre o assunto; Nesta fase as pessoas atingem o ponto de transição quando fazem a escolha de aceitar ou partir;	Ouvir ativo, perguntar por quê, entender o que está afetando, quais as necessidades, quais as preocupações e receios; Ouvir com interesse de saber se há uma questão real que é importante ser tratada ou uma "fantasia" que foi criada pelo medo e falta de informação; Informação e diálogo são fundamentais para reverter a curva;
Exploração	A pessoa decidiu experimentar, contribuir com ideias e começa a perceber que pode ter melhorias no novo modelo; Está saindo do caos da resistência e procurando a ordem, possui entusiasmo e ansiedade e vê oportunidade de aprender novas habilidades; Quer entender como vai se ajustar, o que pode ganhar, pode ocorrer oscilação entre exploração e resistência, à medida que experimenta o novo projeto, pois percebe os paradigmas que precisam mudar;	Valorizar as iniciativas, reconhecer os esforços;
Aceitação	Olha o futuro e percebe que pode evoluir; Quer assumir responsabilidade, ser protagonista; Cuidado: aceitar não é se resignar e nem ficar omisso, é colaborar construtivamente para atingir o sucesso apontando os riscos e ajudando na solução;	Celebrar, reforçar a visão; Oferecer desafios;

Se os envolvidos olharem as mudanças com o sentido de perda (de controle, de identidade, de conhecimento, de poder), suas respostas emocionais serão de confusão, ansiedade, ira, depressão ou frustração. De outro lado, se elas olharem as mudanças com sentido de oportunidade, percebendo possibilidades de desenvolver novas competências e conhecimentos, aumentar responsabilidades, crescimento de carreira, agirão com entusiasmo, confiança, disposição e colaboração.

O trabalho da liderança na comunicação face a face é ajudar as pessoas a passarem por esses estágios com segurança e comprometimento.

Comunicação com as partes interessadas

O Relatório do PMI "O custo alto do baixo desempenho: O papel essencial da comunicação" (Pulse of Profession, 2013) apresentou alguns resultados que contribuem para as orientações das comunicações com todas as partes envolvidas no projeto, apoiando sua mobilização para a mudança.

Na figura 5.6, podemos observar a diferença de abordagem entre as empresas com alto desempenho na condução de projetos e aqueles com baixo desempenho. Além de divulgar cronograma e escopo, é fundamental a divulgação dos benefícios, estratégia, objetivos e resultados, sendo este último o tema com maior divulgação naquelas com alto desempenho. Observe como as empresas de baixo desempenho possuem um menor volume de comunicação de todos os quesitos, em média 38% inferior comparando com aquelas de alto desempenho.

Gerenciamento das partes interessadas

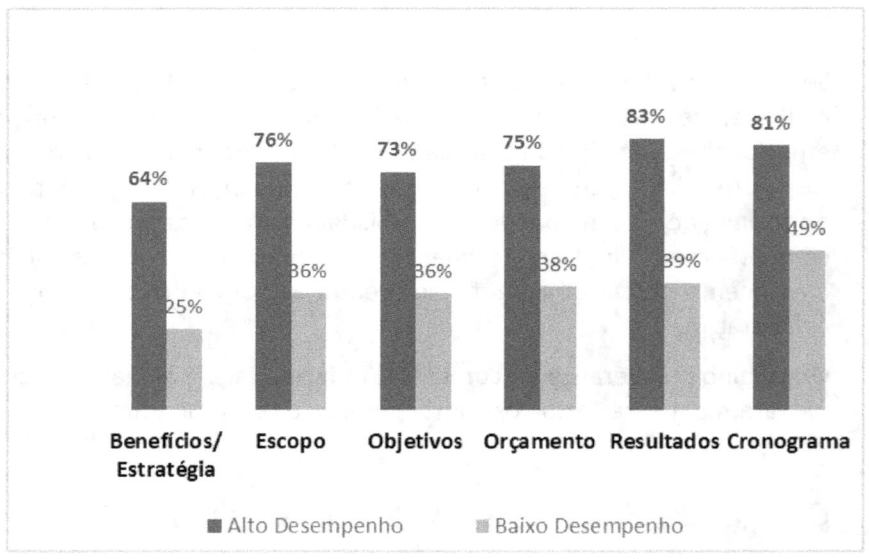

Figura 5.6 Tópicos abordados na comunicação, adaptado de "The Essential Role of Communication", PMI(2013 p. 6)

Comunicar para diversas partes interessadas tem componentes críticos como a linguagem e jargões técnicos que são específicos e diferentes entre diversas áreas da organização; a engenharia tem uma forma de comunicação diferente da área de *marketing* e da área de gestão de pessoas, por exemplo. Sem contar diferenças nos níveis hierárquicos que vêm o projeto sob ângulos muito diferentes. A figura 5-7 mostra a relevância desses aspectos na comunicação entre as empresas com alto desempenho e aquelas com baixo desempenho. Vemos que o prazo da comunicação é importante, avisar com antecedência adequada, nem cedo demais e nem em cima da hora. Os meios de comunicação também são significativos, aproveitar as variadas alternativas que os recursos modernos nos trazem ajudam a garantir que a mensagem chegue a quem precisa.

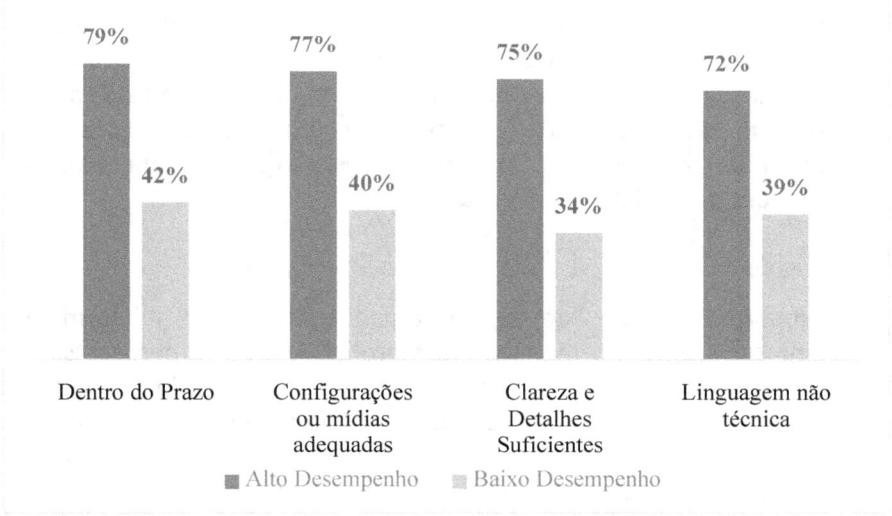

Figura 5.7 Formas de transmitir a comunicação, adaptado de "The Essential Role of Communication", PMI(2013 p. 6)

Recomendações para uma comunicação eficaz, adaptadas da Publicação "Managing Change in Organizations: A practice Guide" PMI(2013 p34):

1. Comunique a visão de mudança, claramente, o mais cedo possível

Estabeleça os alicerces da mudança comunicando claramente a visão de como será a organização no final da implementação. A visão deve ser descrita em termos simples e capaz de ser usada como um guia para tomadas de decisões e resultados esperados. Será mais fácil para as pessoas se adaptarem às transições se forem comunicadas no início do processo. Quando as pessoas não sabem como será seu futuro elas criam imagens que passam a tomar forma de verdade e que irão gerar mais dificuldades para serem dissolvidas do que investir para criar a imagem mais próxima da proposta real logo no início do projeto.

2. Descreva os benefícios e os impactos da mudança

Comunique para superar os medos e preocupações suscitados pelas alterações, explique por que a mudança está acontecendo. As pessoas querem saber se as modificações vão afetá-las: será que ainda terão um emprego após a implantação? Manterão sua posição? Terão um papel interessante? Qual será o seu futuro? Estarão preparadas para trabalhar no novo modelo? A incerteza em um ambiente de trabalho reduz a produtividade, portanto, é importante comunicar o que está mudando e por quê. Saber o motivo direcionador das transformações que irão ocorrer ajuda as pessoas nas decisões que irão tomar e em como agir em situações de conflito e ambiguidade.

3. Comunicação da liderança

É importante que a liderança da organização mostre publicamente seu compromisso com a mudança. Lembre-se de que as pessoas seguem o que veem e não o que ouvem, liderar é acima de tudo dar exemplo. O envolvimento pessoal e visível dos líderes da organização na comunicação envia uma mensagem poderosa aos envolvidos sobre a importância e relevância na implementação do modelo que será adotado. Isso não é uma tarefa que deve ser delegada. A participação ativa e visível da liderança traz credibilidade às comunicações, demonstra o comprometimento da administração para transformar os negócios e incentiva um maior grau de aceitação das partes interessadas.

4. Use vários métodos e canais de comunicação

Algumas pessoas assimilam melhor as mensagens transmitidas com imagens e figuras, outros entendem melhor com gráficos e tabelas e outros com materiais escritos detalhadamente. Outros ainda preferem ouvir, sua atenção e compreensão é melhor em áudios. A análise deve ser feita para determinar qual o melhor canal de comunicação para cada mensagem, sendo que em algumas situações são vários os meios para divulgar e reforçar uma mensagem. As vezes cartazes tornam-se paisagens, ou seja, tornam-se parte da decoração e as pessoas não prestam atenção para eles, por isto a utilização de vários recursos para conquistar a atenção do público de seu projeto. A comunicação face a face, ou seja, pessoal, é considerada a forma mais rica e eficiente na maioria dos esforços de mudança para obter o entendimento e comprometimento das partes envolvidas no projeto e este é um trabalho em que a participação da liderança é fundamental.

5. Forneça oportunidades de diálogo e disponibilidade em ouvir

Quanto mais abrangente e profunda for a mudança, maior será a necessidade de comunicação e participação ativa das partes interessadas. A gestão deve criar oportunidades de diálogo em reuniões e fóruns de discussão para mobilizar e envolver as partes interessadas, promovendo um senso de propriedade, que se obtém através da troca de informações, deixando claro que as opiniões são importantes e seus comentários e sugestões são valorizados, mesmo quando não se concorda com eles, importante mostrar a disposição de ouvir e entender os motivos que estão e preocupações que estão por traz das propostas. Muitas vezes não estão claros os objetivos traçados e os benefícios esperados, ou existem questões não conhecidas por aqueles que estão conduzindo as alterações e que podem ser significativas para o resultado que se almeja. Ouça sem pré-conceitos, amadureça suas ideias sobre o melhor caminho de agir e sempre posicione os envolvidos sobre as decisões e suas razões.

6. Repita frequentemente as mensagens de mudança

Uma vez que a mudança é comunicada e ficou claro que ela vai acontecer, é importante manter regularidade nas mensagens. A equipe do projeto trabalha por um longo período de tempo nas atividades de desenvolvimento e as pessoas tornam-se tão arraigadas no trabalho que tudo passa a ser natural para elas. Esquecem-se de que aqueles que receberam a mensagem inicial e voltaram para suas rotinas não estão com o mesmo nível de conhecimento delas e precisam ser relembrados da mensagem de mudança. A repetição de mensagens de mudança claras e convincentes usando canais múltiplos aumenta a probabilidade de a informação ser entendida. Mensagens repetidas, mas com pequenos incrementos de conteúdo, podem ser necessárias para ampliar o entendimento, considerando que faz parte dos filtros de percepção da mente humana ouvir aquilo que é mais urgente para suas necessidades, percebendo os outros detalhes na medida em que o tema vai se tornando familiar.

7. Monitorar e medir a eficácia das comunicações

O esforço de monitorar e medir os resultados das comunicações é vital para avaliar o entendimento e envolvimento das principais partes interessadas sobre as transformações que irão ocorrer. Como falamos anteriormente, é raro que as pessoas percebam todo o conteúdo abordado em uma mensagem na primeira vez que a recebem. Muitas interpretações, preocupações e julgamentos ressoam mais alto que a mensagem transmitida. O monitoramento oferece uma oportunidade para determinar o nível de conscientização e atitudes das partes interessadas, abordar espaços de desinformação, identificar e acompanhar problemas atuais e ajustar ou adaptar as informações para atender às necessidades dos participantes da mudança.

A figura abaixo, adaptada de "Managing Change in Organizations: A practice guide" (PMI - Project Management Institute, Inc, 2013, p. 106), apresenta uma proposta para orientar o conteúdo das comunicações para as partes envolvidas na mudança do projeto:

Figura 5.8 Mapa orientativo de Mensagem e Público

A Cultura Corporativa e a mudança

O que é cultura? Segundo Edgar Schein (Schein, 2007), ela é a soma de todas as certezas compartilhadas e tidas como corretas que um grupo aprendeu ao longo de sua história. Tudo aquilo que foi aprendido desde sua fundação, que garantiu seu sucesso. A cultura é propriedade de um grupo, onde quer que um grupo tenha suficiente experiência em comum, começa a se formar uma cultura.

Assim, a cultura é um poderoso conjunto de forças latentes que determinam o comportamento, a maneira como se percebem as coisas, o modo de pensar e os valores coletivos.

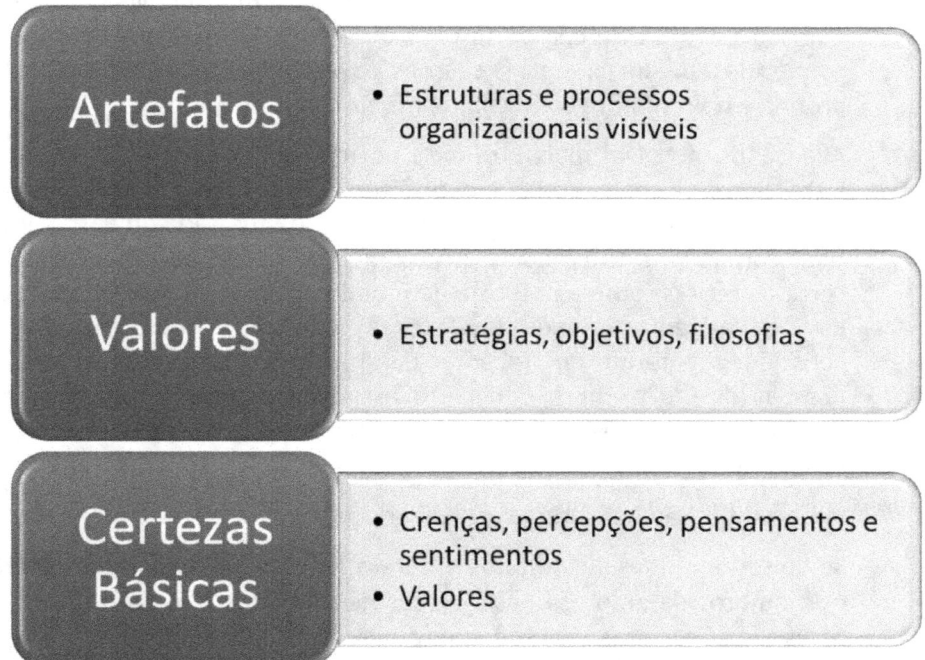

Figura 5.9 Níveis da Cultura, conforme Edgar Schein (Schein, 2007)

Na figura 5.9, estão apresentados os níveis da cultura organizacional que vão de elementos muito visíveis até tácitos e invisíveis.

Edgar Schein (Schein, 2007) explica que os artefatos podem ser percebidos desde como estão organizados os espaços de trabalho, com ambientes abertos ou salas fechadas, passando por formalidade ou informalidade nas conversas, como funciona a tomada de decisão, até como as pessoas se vestem, como é o horário de trabalho e assim por diante. Mas cuidado, esses elementos mostram como elas se apresentam umas às outras, mas não revela o que significam nas suas relações.

Existem os valores da empresa, que são encontrados em documentos, *site*, brochuras, quadros nas salas dos gerentes, no refeitório, nos escritórios reforçando as crenças, missão, visão, estratégia da empresa. Você encontrará com muita facilidade, nesses documentos, temas como integridade, trabalho em equipe, orientação ao cliente, qualidade do produto e assim por diante. O cuidado que precisamos tomar quando olhamos uma organização é evitar colocá-la numa tipologia, assumindo que sua estrutura se comporta de acordo com determinados modelos já conhecidos. Assim como as pessoas as empresas possuem identidade própria e nem sempre é visível no primeiro contato.

Avançando no nível mais profundo do modelo da figura 5.9, conforme Edgar Schein (Schein, 2007), estão as certezas básicas que são os valores, crenças e convicções aprendidos em conjunto, que são compartilhados e tidos como corretos à medida que a organização tem sucesso. Tornam-se certezas tácitas sobre a natureza do mundo e como sair-se bem nele, vem da sua origem de seus fundadores. Elas estão automatizadas na consciência e forma de trabalhar das pessoas. Este é o lugar onde as pessoas dizem "Sempre deu certo assim". Encontrar essas certezas e abordá-las no processo de mudança é a grande chave da transformação nos projetos.

Importante: Não há cultura certa ou errada, melhor ou pior.

Se quiser entender a cultura da empresa, deve observar e conversar com os membros da empresa nos diversos níveis e descobrir, junto com eles, quais são as certezas tácitas que os direcionam.

Há várias questões para as organizações superarem na sua cultura em projetos de mudança, conforme a publicação "Managing Change in Organizations: A practice guide" (PMI, 2013 p. 37):

- Inércia: frequentemente, a liderança vê a necessidade de mudanças, mas se isola na interação diária com clientes. Assim, o pessoal de operações e gerentes da linha de frente são os últimos a reconhecerem que a mudança é necessária;
- Confiança: a gerência precisa acreditar na competência básica do pessoal da organização envolvido no projeto para saber o quanto a equipe pode ser desafiada e quanto pode conseguir;
- Competências: Não se pode esperar que uma força de trabalho, que não tenha exposição a modelos de negócios de classe

mundial, se adapte a um novo modelo. A educação básica e o conhecimento avançado de sistemas adaptativos em toda a organização são fundamentais para o gerenciamento bem-sucedido da mudança;
- Burocracia: processos de decisão corporativa burocrática, geralmente, não suportam crescimento e adaptação. À medida que as estruturas corporativas evoluem, existe uma tendência natural para que as decisões sejam tomadas ao mais alto nível. Isso cria um processo de decisão complicado e dissociado de informações atuais precisas. A estrutura de apoio à decisão deve permitir decisões estratégicas a longo prazo a nível corporativo, decisões táticas a serem tomadas na média gerência e decisões operacionais a serem feitas pelos funcionários da linha de frente.

Importante saber que, dentro de uma organização, existem subculturas, que acontecem dentro das áreas, unidades de negócio, localidades físicas da empresa e assim por diante. Esse é mais um ponto crítico para o gerente de projeto conhecer. Diferentes jargões técnicos e estilos de lideranças acarretam implicações na gestão das partes interessadas. Abaixo, algumas delas:

- Diferentes interpretações do que é o projeto: cada área vê do seu ponto de vista e cria sua expectativa do modelo ideal de produto do projeto;
- Fragmentação da estrutura organizacional do projeto: nem todos possuem uma participação e representação clara;
- Subutilização de conhecimentos e habilidades: trabalho colaborativo e integrado de várias áreas pode ser comprometido com fragmentação da visão do projeto;
- Confusão sobre papéis e falta de responsabilidades: entendimento diferente do que será feito por cada área participante do projeto;
- Falta de visão compartilhada e foco;

Recomendações Finais:

- Entenda o dia a dia da organização;
- Tenha foco nas pessoas e em seus comportamentos;

- Estude as interações, padrões, processos de decisão, troca de informação, comportamentos em reuniões;
- Interesse-se pelas experiências, práticas, rituais, símbolos e responsabilidades não escritas.

Se quiser conversar ou tirar alguma dúvida sobre o que foi escrito neste capítulo, escreva-me: fatima.patz@konversacio.com.br.

6 Conclusão

Gerenciar projetos com sucesso é uma jornada em busca das melhores práticas com o intuito de aplicá-las e aperfeiçoá-las a cada uso.

Mostramos, ao longo do livro, como as pessoas fazem diferença no sucesso do projeto, de uma mudança ou de uma estratégia. São elas que constroem o produto que será usado por outras pessoas. Entendê-las e apoiá-las para que a realização do projeto traga conquistas, aprendizados, crescimentos é o desafio que as técnicas apresentadas detalhadamente possibilitam.

Encontramos diferenças em nosso dia a dia, desde o momento que levantamos até deitarmos. Abordá-las de frente, entender que diferentes visões e necessidades abrem o caminho para novas oportunidades e crescimento é a nossa proposta para lidar com conflitos. A tendência de muitas culturas organizacionais é abafar as diferenças, minimiza-las, ignorá-las e esta é a forma de postergá-las para que reapareçam no momento inadequado. Como abordá-las? Propomos o uso de uma técnica de comunicação interpessoal que considera separar fatos de julgamentos, reconhecer os sentimentos presentes, sair de posições e estratégias entendendo interesses e necessidades e finalmente, através de pedidos e ofertas, estruturar planos e acordos que atendam todas as partes. Esse método, simples de escrever, envolve a quebra de um paradigma que é "para alguém vencer, outro deve perder". Propomos que, através de um diálogo que conecta pessoas, todos saiam vencedores, enriquecidos com a possibilidade de colaborar em soluções que atendam adequadamente os envolvidos

Projetos geram mudanças e mudanças precisam de projetos para serem implementadas. A Gestão de Mudanças Organizacionais complementa pontos-chaves para envolvimento das partes interessadas: em comunicação, cultura e o aspecto psicológico da curva da mudança. A comunicação para as partes interessadas busca envolvê-las trazendo recursos e conteúdos voltados para atender suas necessidades durante todo o percurso do projeto. A cultura da organização é construída pelos colaboradores ao longo de sua história e contém os elementos e valores que levaram às conquistas e vitórias vivenciadas. Entender a cultura é um trabalho de observação, curiosidade e conversas. Mostrar que se pode fazer diferente e ainda ter sucesso envolve, antes de tudo, trazer uma provocação de desconformidade, ou seja, sair da condescendência, ir além do ponto em que está, para crescer ou sobreviver.

Gerenciar expectativas, ansiedade, resistência é antes de tudo uma questão de conversas abertas, respeitosas e colaborativas.

Uma comunicação autêntica e empática tem poder transformador. Muitas pessoas estão cansadas de serem ignoradas e carecem de atenção. Quando você mostra o quanto se importa com elas, que você está ali para escutá-las, atendê-las e trabalhar em conjunto, você conseguirá seu engajamento no projeto.

O gerente de projetos de sucesso acredita que sua profissão é atender às expectativas das suas partes interessadas, não só dos seus clientes, mas, também da sua equipe, e dos envolvidos no projeto. Sua coerência e constância, provando todos os dias que trabalha para atendê-las, dar-lhe-á a credibilidade para com elas e em troca entenderão que o produto do projeto é para benefício delas e que sua participação fará a diferença. O gerente deixa de estar numa luta solitária e passa a compartilhar, em colaboração, o sucesso alcançado, e este seguirá para além do tempo da fase de projeto. O projeto é de todos, o produto gerado é de todos, construído por todos e assim terá sustentação para sua continuidade no uso e nos benefícios obtidos.

Pessoas fazem a diferença e não existe uma fórmula para lidar com o ser humano, são sete bilhões de exemplares distintos, existe muito trabalho, intenção de buscar "o melhor juntos" e crença na construção de algo melhor, em sintonia.

7 Sua vez de participar

Você pode alcançar seus objetivos através de projetos bem planejados e executados engajando as partes interessadas e lidando com suas resistências.

Agora é a hora de aplicar o conhecimento adquirido e usá-lo para agregar valor em seus projetos e no seu dia a dia.

Abaixo, algumas sugestões para usar o conhecimento na prática.

Use o *KIT* de Partes Interessadas

O *Kit* é a seleção de tudo que temos de melhor empacotado e documentado para você acelerar seu projeto ganhando tempo. Conheça as melhores práticas e as soluções para gerenciar as partes interessadas disponibilizadas de forma gratuita para os leitores do livro. Saiba como obtê-lo[18].

Ele é composto por:

- *Templates* para gerenciar as partes interessadas.
- Exemplos dos *templates* preenchidos em um projeto real.
- Ferramentas usadas pela área de conhecimento.
- Downloads complementares com pelo menos uma apresentação sobre a área e o Índice do *Kit*.

Ele pode ser usado para aperfeiçoar seus processos para engajar as pessoas, bem como sua metodologia de gerenciamento de projetos, aumentando sua chance de sucesso, acelerando seu aprendizado, ou mesmo para apoiar em aulas e treinamentos sobre as partes interessadas.

Tabela 7.1 Arquivos do KIT Partes Interessadas

Ref	Arquivo / Pasta	Tipo
.	Downloads	
1	Glossário de gerenciamento de projetos.docx	Downloads
2	Glossário de gerenciamento de projetos.pdf	Downloads
3	Índice do guia de gerenciamento de projetos.docx	Downloads
4	Índice do guia de gerenciamento de projetos.pdf	Downloads
5	Planilha Certificação PMP.xlsx	Downloads

6	Processos Guia PMBOK® Sexta Edicao.xlsx	Downloads
7	Processos Guia PMBOK® Quinta Edicaov18.xlsx	Downloads
8	Produtos Gratuitos da Escritório de Projetos.xlsx	Downloads
	Exemplos de Projetos com seus *templates*	
9	Matriz das Comunicações vMetodologiaPMO.xlsx	Exemplo
10	Matriz das Comunicações vSistemas.xlsx	Exemplo
11	Plano de gerenciamento das comunicações vExemplo.docx	Exemplo
12	Plano de gerenciamento das partes interessadas vExemplo.docx	Exemplo
13	Registro das partes interessadas vExemplo-Plano de Comunicacao.xlsx	Exemplo
14	Registro das partes interessadas vGenerica.xlsx	Exemplo
15	Status Report.pptx	Exemplo
	Modelos\01-Iniciacao	
16	*Kick-Off* do Projeto.pptx	*Templates*
17	Registro das partes interessadas v4 variaveis.xlsx	*Templates*
18	Registro das partes interessadas vFornecedores.xlsx	*Templates*
19	Registro das partes interessadas.xlsx	*Templates*
	Modelos\02-Planejamento	
20	Matriz das Comunicações Guia PMBOK®.xlsx	*Templates*
21	Matriz das Comunicações Metodologia PMO.xlsx	*Templates*
22	Matriz das Comunicacoes.xlsx	*Templates*
23	Plano de gerenciamento das comunicacoes.docx	*Templates*
24	Plano de gerenciamento das partes interessadas.docx	*Templates*
25	Plano de gerenciamento do projeto.docx	*Templates*
26	Registro dos pontos de atencao.xlsx	*Templates*
27	Registro dos riscos e dos problemas.xlsx	*Templates*
28	Registro dos riscos e problemas vCompacta.xlsx	*Templates*
29	Registro e plano de gerenciamento das partes interessadas.xlsx	*Templates*
	Modelos\04-Controle	
30	Ata de reuniao.docx	*Templates*
31	Atividades a serem cumpridas até o próximo Status Report.xlsx	*Templates*
32	Issues Log.docx	*Templates*
33	Issues Log.xlsx	*Templates*
34	Pauta de reuniao.docx	*Templates*
35	Registro das questoes.xlsx	*Templates*
36	Registro das solicitações de mudancas.xlsx	*Templates*
37	Solicitação de mudanca.docx	*Templates*
38	*Status Report*.docx	*Templates*
39	*Status Report*.pptx	*Templates*
40	*StatusReport*. Projeto Exemplo.xlsx	*Templates*
	Reforma da Casa	
41	Matriz das Comunicacoes.xlsx	Exemplo
42	Plano de gerenciamento das comunicacoesvExemplo.docx	Exemplo
43	Registro das partes interessadas vExemplo-Plano de Comunicacao.xlsx	Exemplo
44	Registro das solicitações de mudanças - Reforma.xlsx	Exemplo
45	Registro dos riscos e dos problemas.xlsx	Exemplo
46	Registro e plano de gerenciamento das partes interessadas.xlsx	Exemplo
	Ferramentas	
47	*Brainstorming* partes interessadas.xlsx	Ferramentas
48	*CheckList* - Partes Interessadas.xlsx	Ferramentas

49	Estratégias para engajamento das partes interessadas.xlsx	Ferramentas
50	Estratégias para engajamento com analise de decisão envolvendo critérios multiplos.xlsx	Ferramentas

Use em seus projetos

Minha sugestão é que você escolha um ou mais projetos para revisar o engajamento das partes interessadas baseando-se nos processos detalhados no capítulo Passo a Passo.

Independentemente de o projeto estar se iniciando ou em andamento, essa revisão e aplicação dos processos ajudar-lhe-á a identificar as partes interessadas, avaliar seu nível de comprometimento, determinar e executar estratégias de modo a reduzir suas resistências e aumentar seu engajamento com o trabalho e o produto do projeto.

De forma geral, execute as atividades abaixo:

1. Identificar as partes interessadas resistentes;

Use os seguintes exemplos do *Kit* como referência:

Pasta	Arquivo
Exemplos de Projetos com seus *templates*	Registro das partes interessadas vGenerica.xlsx
Reforma da Casa	Registro e plano de gerenciamento das partes interessadas.xlsx

Selecione algum dos *templates* do KIT para documentar as partes interessadas identificadas.

Pasta	Arquivo
Modelos\01-Iniciacao	Registro das partes interessadas v4 variaveis.xlsx
Modelos\01-Iniciacao	Registro das partes interessadas vFornecedores.xlsx
Modelos\01-Iniciacao	Registro das partes interessadas.xlsx
Modelos\02-Planejamento	Registro e plano de gerenciamento das partes interessadas.xlsx

Recomendo o uso do Registro e plano de gerenciamento das partes interessadas.xlsx da pasta Modelos\02-Planejamento, devido a possuir duas variáveis simples e eficientes para priorizar as partes interessadas (Poder na empresa e Interesse no projeto)

2. Priorizá-las com base em critérios de acordo com seu projeto;

Veja minha recomendação acima.

Se quiser avaliar outros possíveis critérios para atender melhor a necessidade do seu projeto, veja a ferramenta Análise de partes interessadas e também Representação de dados.

3. Avaliar estratégias para transformá-las de resistentes em apoiadoras;

Veja o exemplo da Reforma da Casa "Registro e plano de gerenciamento das partes interessadas.xlsx".

Veja na pasta Ferramentas "Estratégias para engajamento das partes interessadas.xlsx" e defina as estratégias conforme a necessidade do seu projeto e das suas partes interessadas.

4. Quando não for possível transformá-las em apoiadoras, avaliar estratégias para:
    a. Reduzir sua resistência;
    b. Reduzir sua influência ou poder no projeto;

Veja os exemplos citados acima e reveja as estratégias, agora com o enfoque de mitigar as ameaças vindas das pessoas resistentes.

5. Executar as estratégias;

Execute as estratégias e verifique sua efetividade.

6. Monitorar o engajamento das partes interessadas verificando se pessoas engajadas ou neutras não começam a ser resistentes;

Veja o exemplo "Plano de gerenciamento das partes interessadas vExemplo.docx" da pasta "Exemplos de Projetos com seus *templates*", tópico "Monitorar o engajamento das partes interessadas" e verifique quais atividades você usará para monitorar suas partes interessadas.

Execute as atividades de monitoramento definidas e avalie as mudanças no engajamento.

7. Adaptar as estratégias sempre que necessário ao longo de todo o projeto.

Adapte as estratégias sempre que verificar mudanças no engajamento que podem colocar o projeto em risco.

Revise na pasta Ferramentas "Estratégias para engajamento das partes interessadas.xlsx" e adapte as estratégias conforme a necessidade do seu projeto e das suas partes interessadas.

Sempre analise com bastante cuidado cada estratégia adaptada. Resolver o problema com uma parte interessada pode causar outros impactos indesejados (efeitos colaterais).

Use o *CheckList* Partes Interessadas

Para garantir que executou todas as atividades importantes para gerenciar as partes interessadas, use o *CheckList* Partes Interessadas do *KIT*.

Sessão Cinema para reforçar o aprendizado

Assista o quarto episódio "Atropelamento" do filme "Relatos Selvagens" (Relatos Selvagens, 2014) e faça as seguintes atividades:

a) Relacione as partes interessadas presentes no episódio;
b) Para cada parte interessada, avalie seu interesse e expectativa;
c) Identifique quem é o Gerente de Projeto, o patrocinador e o(s) cliente(s);
d) Quais expectativas ou nível de engajamento mudaram ao longo do projeto e por quê?
e) O que você faria diferente para resolver a situação ou para envolver as partes?

Coloque-se no lugar de cada uma das partes interessadas.

Use o *template* do *KIT* chamado Registro e Plano de gerenciamento das partes interessadas.xlsx para registrar as partes interessadas e suas funções.

Depois verifique nossa solução proposta na pasta Sua Vez de Participar do *KIT*, documento Registro e plano de gerenciamento das partes interessadas — Filme Relatos Selvagens — Episodio Atropelamento.xlsx.

Caso Vanderlei Cordeiro de Lima em Atenas

Assista ao vídeo da Maratona da Olímpiada de Atenas e preste atenção nos batedores, responsáveis para proteger os atletas de pessoas externas.

Responda às questões:

1) O Planejamento e a execução da olímpiada de Atenas foram eficientes na análise das partes envolvidas?
2) As medidas tomadas para proteger os atletas poderiam ter sido mais efetivas?
3) O ex-padre Irlandês, Cornelius Horan, é uma parte interessada do projeto Maratona de Atenas?
4) Qual foi a motivação de Cornelius Horan para impedir Vanderlei de prosseguir a corrida?
5) Avaliando "A curva da mudança" (detalhada no capítulo Gestão de Mudanças Organizacionais), em que estágio você identifica que Cornelius Horan se encontra?
6) Você consegue identificar quem é ou pode ser o "Cornelius Horan" do seu projeto?

Identificar as pessoas resistentes, que podem representar riscos e ameaças ao resultado do projeto, é um fator crítico que deve ser avaliado pelo gerente e pela equipe. Muitos projetos ainda fracassam devido ao não mapeamento das pessoas resistentes.

Além de criar estratégias para engajar as partes interessadas, é fundamental criar estratégias para entender as razões e reduzir o impacto e a probabilidade das possíveis ações das pessoas resistentes.

Brainstorming para identificar as partes interessadas do seu projeto

Essa dinâmica pode ser feita em vários formatos e adaptada conforme sua necessidade.

Pode ser feita de forma mais específica (somente um projeto) e de forma mais abrangente (todos os projetos em geral) ou para um tipo de projeto específico

Pode ser feita informalmente ou formalmente.

Também pode ser usada para identificar as partes interessadas como um todo, ou somente aquelas que podem ser resistentes ao projeto (representam uma ameaça).

Faça o *brainstorming* somente para identificar as partes interessadas ou também para determinar estratégias para gerenciar seu engajamento.

Antes do *Brainstorming*

Determine o objetivo do seu escopo selecionando as opções abaixo:

Objetivo do *Brainstorming*		
Opção		Exemplos / Descrição
Abrangência dos projetos		
	O projeto	Seu projeto atual
	Tipo de projeto específico	Projetos de construção civil ou Projetos de desenvolvimento de sistemas de informação
	Qualquer projeto	
Sessões de *brainstorming*		
	Identificar partes interessadas	
	Identificar partes interessadas e determinar estratégias	
Tipos de Parte interessadas		

	Todas as partes interessadas	
	Somente as partes interessadas resistentes	

Selecione um grupo de pessoas para fazer o *brainstorming* com representantes das mais diversas áreas relacionadas ao projeto.

A diversidade ajudará a cobrir o maior número de partes interessadas.

Agende local, data e horário e convite todos os participantes.

Durante o *brainstorming*

Use o *Brainstorming* Partes Interessadas do *KIT* Partes Interessadas.

Siga as instruções descritas na aba Instruções.

Após o *brainstorming*

Se o *brainstorming* foi para um projeto específico, atualize a documentação do projeto e execute as estratégias conforme determinado no *brainstorming*, adaptando-as sempre que julgar necessário.

Se o *brainstorming* foi genérico, atualize seus ativos disponibilizando a planilha para consulta em projetos futuros.

Construindo um Plano de Engajamento

Você identificou as partes interessadas, realizou avaliação do nível de engajamento do projeto através de um *brainstorming* com gestores seniores da área de negócio e obteve o seguinte quadro:

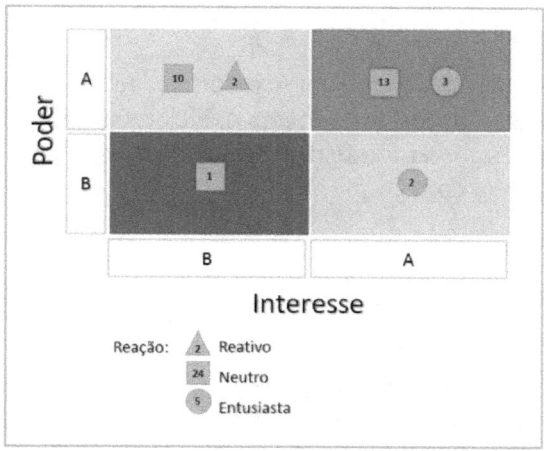

Figura 7.1 - Mapa de Partes Interessadas 1 - Exercício

Quais as estratégias que você proporia para os seguintes grupos:

- Pessoas neutras do grupo vermelho (alto poder e alto interesse);
- Pessoas reativas do grupo amarelo (alto poder e baixo interesse);
- Pessoas entusiastas do grupo amarelo (alto interesse e baixo poder);

Utilize a ferramentas Estratégias de engajamento de partes interessadas, do *Kit* de partes interessadas e as orientações de "A curva da mudança" e de Comunicação com as partes interessadas (detalhadas no capítulo Gestão de Mudanças Organizacionais).

Compare suas respostas com algumas possibilidades apresentadas em "Alternativas para Engajamento das Partes Interessadas – Exercício Sua Vez de Participar" no *Kit* de partes interessadas.

Preparando-se para uma conversa difícil com um gerente funcional

O gerente funcional de uma equipe substituiu um membro da equipe que conhecia muito bem uma parte técnica do projeto, colocando no lugar outra pessoa que não conhece o projeto e não deu tempo de transição de uma pessoa para outra. Ele fez essa mudança sem comunicar você.

Você vai conversar com ele.

Veja o formulário do *Kit* de Acessórios, pasta Sua vez de participar, intitulado Preparação para conversa difícil a fim de ajudá-lo a se preparar para a conversa. Veja também a sessão Fazendo acordos sustentáveis do capítulo Lidando com Conflitos.

Preparando-se para lidar com uma situação de conflito na sua equipe

Duas equipes do projeto estão discordando sobre a abordagem para um problema. Eles estão debatendo a questão há vários dias, estão acontecendo muitas conversas de corredor, estão se distanciando nas atividades de convivência como café, almoço, enfim a situação está fugindo do controle.

Use o formulário do *Kit* de partes interessadas, pasta Sua Vez de Participar intitulado Resolução de Conflito para ajudá-lo a identificar as causas do conflito e registrar a conversa com as partes interessadas, documentar as alternativas e acordos realizados, veja também nesse mesmo diretório o formulário *Checklist* para Condução de Reunião para lidar com conflito. Releia a sessão Dicas de Ouro do capítulo Lidando com Conflitos.

Considerações finais

E por último, lembre-se de que este livro é apenas uma referência onde você aprendeu como gerenciar as partes interessadas do seu projeto. Você precisará se aprofundar nas outras áreas de conhecimento com a ajuda dos próximos livros da série.

Lembre-se também de que eu quero ser o copiloto da sua jornada. Entre em contato comigo caso tenha dúvidas, sugestões ou críticas sobre o livro e as soluções gratuitas apresentadas.

Eduardo Montes, PMP

eduardo@escritoriodeprojetos.com.br

8 Q&A

Esta é uma seção composta pela seleção de questões de alunos da disciplina de Gerenciamento das partes interessadas.

Agradecimento especial a eles pelas perguntas sempre muito pertinentes, facilitando o entendimento das partes interessadas como um todo.

Identificar as partes interessadas & Planejar o engajamento das partes interessadas

Em um projeto cujo objetivo é a capacitação de pessoas para um curso específico, essas pessoas devem ser consideradas como uma das partes interessadas?

SIM. As pessoas a serem capacitadas são clientes do curso que você está criando no seu projeto e, caso suas necessidades sejam ignoradas, aumenta muito a chance do seu curso não atingir os resultados esperados. Saiba mais no capítulo de Fundamentos - Tópico Quem são as partes interessadas?

Não consigo diferenciar a ação de Gerenciar e Monitorar o engajamento das partes interessadas. Favor esclarecer.

Veja as diferenças na tabela a seguir.

Tabela 8.1 Diferenças entre os processos Gerenciar e Monitorar o engajamento das partes interessadas

Processos	Gerenciar o engajamento das partes interessadas	Monitorar o engajamento das partes interessadas
Grupo de Processos	Execução	Monitoramento e Controle
Objetivo Principal	Executar aquilo que foi planejado anteriormente, principalmente executar as estratégias para garantir o engajamento e reduzir resistências e impacto das pessoas resistentes.	Monitorar para identificar mudanças na prioridade e no engajamento das partes interessadas e revisar as estratégias de acordo com essas mudanças.
(PMI®, 2017, p. 503)	Processo de se comunicar e trabalhar com as partes interessadas para atender suas necessidades e expectativas, lidar com questões e promover o engajamento das partes interessadas adequadas. Realiza, por exemplo, as ações de comunicação.	Processo de monitorar as relações das partes interessadas do projeto e adaptar as estratégias para engajar as partes interessadas. Trabalha com os indicadores e realiza pesquisas.

Uma parte interessada identificada no início do projeto pode ser retirada em algum momento do projeto?

Pode, porém, não é comum que isso ocorra.

Você deve se perguntar: "A parte interessada pode, de alguma forma, afetar meu projeto?".

Por exemplo: Uma parte interessada demitida ainda pode afetar o projeto?

Se foi uma demissão de alguma forma relacionada ao projeto, ela pode querer sabotar o seu projeto e usar sua influência com os amigos e colegas da organização para isso.

Necessário analisar a situação como um todo e avaliar todos os riscos envolvidos.

O que acontece quando o engajamento das partes interessadas no projeto não ocorre? E qual o impacto no projeto?

Se não existe engajamento de nenhuma parte interessada, não haverá projeto.

Se ninguém está disposto a fazer nada, o seu projeto não terá progresso e não sairá do lugar onde está.

O Guia PMBOK® usa a análise das partes interessadas como uma das ferramentas para identificar as partes interessadas e avaliar como elas provavelmente reagirão ou responderão em várias situações de modo a determinar a melhor forma de engajar cada parte interessada. Como isso normalmente é esquematizado e estruturado? Existe um template ou modelo? E como prever? Apenas por experiência ou com base em outros dados levantados?

A análise de partes interessadas é uma técnica de coleta e análise sistemática de informações qualitativas e quantitativas para determinar interesses a serem considerados.

Abaixo, os passos a serem cumpridos na análise das partes interessadas:

1. Identifique as partes interessadas e suas informações;
2. Identifique o potencial impacto de cada parte interessada e classifique-as de modo a definir estratégias individuais ou em grupo;
3. Identifique os interesses e preocupações dos diversos grupos que participam do projeto, considere os diversos escalões e as diferentes áreas de negócio envolvidas. Observe o que cada um vê como possível perda que pode ter com o projeto;

4. Avalie as possíveis reações das partes interessadas diante de suas preocupações e dos resultados e entregas do projeto a fim de definir como influenciá-las. Essa avaliação é integrada com a análise dos riscos, avaliando possíveis eventos, seus impactos e como tratá-los.

Recomendo usar o *template* Registro e Plano de gerenciamento das partes interessadas.xlsx

Você irá prever, baseando-se tanto na experiência quanto nos dados levantados, como os Ativos de processos organizacionais.

Veja um caso de análise de partes interessadas usando o *template* Registro e Plano de gerenciamento das partes interessadas da reforma da casa

Abaixo, alguns exemplos do caso da Reforma da Casa:

Tabela 8.2 Partes interessadas na Reforma da Casa dos Montes de Rocha e Possíveis reações

Parte interessada	Possíveis reações	Estratégias para ganhar mais suporte ou reduzir resistências
Sra. Montes de Rocha	Solicitar a separação Aumentar o custo da reforma devido a mudanças solicitadas como troca de materiais já adquiridos, novos requisitos etc.	Manter sempre a comunicação no projeto, criando Status Report Semanais e Presenciais para garantir alinhamento e identificar qualquer tipo de insatisfação de forma antecipada.
Sr. Montes de Rocha	Solicitar a separação Aumentar o custo da reforma devido a mudanças solicitadas como troca de materiais já adquiridos, novos requisitos etc.	Manter sempre a comunicação no projeto, criando Status Report Semanais e Presenciais para garantir alinhamento e identificar qualquer tipo de insatisfação de forma antecipada.
Sr. Rocha (Pai da Sra. Montes de Rocha)	Abandonar a supervisão da obra.	Manter a filha satisfeita e alinhada garantindo seu engajamento e sua influência com o pai.

José		Contratar pintores, auxiliares ou pedreiros não qualificados ou com problemas (vícios, alcoólatras etc.)	Usar o Sr. Rocha para supervisionar a obra diariamente de modo a identificar os contratados não qualificados e reduzir impactos relacionados.
Vizinhos		Reclamar da obra para a prefeitura	Visitar os vizinhos, em especial, o vizinho de parede para explicar que o período de trabalho seria somente das 8h às 18h e que evitaríamos ao máximo qualquer tipo de barulho ou qualquer coisa que pudesse incomodá-los. Explicar também as melhorias que faremos no imóvel o que, indiretamente, ajudaria na valorização dos imóveis da vizinhança. Deixar celular para que possam me contatar a qualquer momento que sejam incomodados. Dessa forma, criar nossos primeiros amigos da vizinhança e transformar uma postura resistente em apoiadora do projeto.

Veja também o Registro dos Riscos da Reforma da casa.

Como descobrir o nível de interesse das partes interessadas que não se apresentam no dia a dia do projeto ou são representadas por outras pessoas/empresa?

Com base nos seus Ativos de processos organizacionais (como lições aprendidas, histórico de projetos similares) ou em outras opiniões especializadas. (Outros gerentes de projetos mais experientes, outras partes interessadas, PMO etc.) Importante você saber qual o nível de poder e interesse dessa pessoa para o seu projeto. Se ela é de baixo poder e baixa influência, mantenha-a informada; se for de alto interesse e alto poder, busque uma conversa com ela ou pesquise através de pessoas que têm acesso a ela.

Como se dá o envolvimento das partes interessadas considerando os métodos ágeis para desenvolvimento de projetos? Há diferenças significativas em relação às metodologias anteriores?

As metodologias ágeis têm suas particularidades por envolverem um maior número de mudanças do que as metodologias convencionais de gerenciamento de projetos.

Segundo o Guia PMBOK®, com frequência, o cliente, o usuário e o desenvolvedor trocam informações em um dinâmico processo cocriativo, que leva mais envolvimento das partes interessadas e satisfação mais alta. Interações periódicas com a comunidade de partes interessadas ao longo do projeto mitigam o risco, desenvolvem confiança, apoiam ajustes mais cedo no ciclo do projeto, reduzindo, assim, os custos e aumentando a probabilidade de êxito para o projeto (PMI®, 2017, p. 506).

As interações periódicas utilizadas nas metodologias ágeis podem ser usadas em qualquer projeto e os seus benefícios dependerão sempre das condições de cada projeto. Os processos, procedimentos e consequentemente a metodologia usada fazem parte dos ativos de processos organizacionais e influenciarão o engajamento das partes interessadas.

Considere:

- Se a maioria da equipe quer aprender a trabalhar com métodos ágeis, você terá um maior engajamento dessas pessoas interessadas.
- Se o gerente de projetos não dominar os métodos ágeis, o efeito poderá ser contrário, desmotivando as partes interessadas.

Porém, de uma forma geral, o engajamento não está ligado diretamente à metodologia usada e, sim, às abordagens e técnicas adotadas de forma adequada às particularidades do seu projeto e das características e interesses das partes interessadas envolvidas.

Quais são os passos a serem seguidos quando se descobre uma parte interessada já com o projeto em andamento?

Deve-se fazer todo o processo de Análise de partes interessadas e desenvolver estratégias de modo a garantir o engajamento da nova parte interessada.

De forma geral, avalie o potencial impacto da nova parte interessada identificada e como ela está representada em relação às partes interessadas atuais. Use algumas das técnicas de Representação de dados detalhadas nas ferramentas do processo identificar as partes interessadas para priorizá-la e agrupá-la considerando as demais.

A partir daí, avalie suas possíveis reações baseando-se nas estratégias de engajamento atuais. Se elas não forem suficientes para engajá-la, avalie ações/estratégias adicionais de engajamento, sempre considerando a priorização da nova parte interessada em relação às demais.

Lembrando-se ainda que uma nova estratégia adotada pode impactar no engajamento das demais partes interessadas, podendo gerar descontentamento e resistência de partes interessadas que já estavam engajadas, avalie sempre o impacto pensando nas partes interessadas como um todo.

Como os fatores ambientais podem interferir ou auxiliar no gerenciamento das partes interessadas?

De várias maneiras. Por exemplo, conhecendo a cultura, rede de poder, formas de recompensa, valores, objetivos pode auxiliar na identificação da estratégia mais adequada para quebrar a resistência das partes interessadas que estão no quadrante de alto poder e alto interesse. Em uma organização cuja cultura (Fator ambiental) é muito competitiva e cujo bônus seja muito grande, um fator de motivação sempre muito relevante são as metas (indicadores) que afetam o bônus de cada parte interessada. Entender as metas estratégicas e como o projeto auxilia para atingi-las pode ser um conteúdo relevante nas comunicações periódicas do projeto.

Veja mais detalhes em Fatores ambientais da empresa, descrito no processo identificar as partes interessadas.

Como o poder de uma parte interessada pode afetar a entrega do projeto?

De inúmeras formas, levando inclusive ao cancelamento do projeto.

Veja, abaixo, alguns exemplos.

O patrocinador, muitas vezes, pode reduzir o orçamento do seu projeto, podendo afetar a qualidade da entrega e pode priorizar a disponibilidade de equipe para outro projeto.

Um membro da equipe desmotivado e responsável por uma entrega pode gerá-la com defeitos afetando a entrega e a credibilidade do projeto.

O cliente resistente pode dificultar a aprovação de uma entrega, mesmo que ela esteja em conformidade com os requisitos determinados no planejamento. Pode priorizar sua equipe para trabalhar nas atividades operacionais, pode não informar mudanças críticas que ocorreram na rotina de trabalho e irão afetar o escopo do produto a ser entregue.

As partes interessadas podem ser alteradas durante o andamento do projeto?

Sim, as pessoas são promovidas, transferidas de área, substituídas, demitidas, adoecem, enfim, existem várias causas que podem levar a mudanças nas suas partes interessadas durante o andamento do seu projeto.

Como descrito no processo, identificar as partes interessadas, as atividades de identificação, análise e documentação deve ocorrer durante todo o projeto e não só no seu início. Da mesma forma que ocorrem mudanças no projeto, acontecem mudanças nas partes interessadas dentro e fora da organização.

Gerenciar e Monitorar o engajamento das partes interessadas

Geralmente, o que é mais importante na hora de engajar uma parte interessada: ressaltar os benefícios que o projeto irá trazer no dia a dia do trabalho desse indivíduo, ou falar da redução de custos/despesas que ele irá ter após a implementação do projeto?

O que é mais importante para engajar alguém sempre dependerá dos seus principais interesses e expectativas.

Se for o Diretor da Controladoria que tem um bônus associado à redução de custos, provavelmente, falar de redução de custos/despesas resultantes do projeto aumentará o seu engajamento.

Se for o usuário de um produto ou serviço a ser entregue, que desconhece os seus benefícios, deixá-lo consciente sobre os benefícios pode proporcionar o engajamento desejado.

O Registro das Questões é um documento ou resposta direcionada exclusivamente à parte interessada responsável pelo questionamento?

O registro das questões é um documento vivo da equipe do projeto sendo um instrumento essencial para o gerente do projeto. Ele contém as questões (problemas, pendências, decisões) que precisam ser endereçadas para o bom andamento das atividades. Assim, o tratamento de uma situação com uma parte interessada, que está crítica para o projeto, é um item desse documento que irá conter quem irá tratar dessa questão e como. Ele, por si só, não é a resposta e sim a gestão desta.

Ou geralmente é disponibilizado um documento para acesso livre de todas as partes interessadas?

O Registro das questões, normalmente, é um documento usado pela equipe do projeto e com o objetivo de resolver os problemas de forma ágil à medida que eles ocorrem.

O documento normalmente usado para comunicar o andamento das principais questões do projeto e compartilhado para as partes interessadas é o Status Report (gerado periodicamente conforme definido no Plano de Gerenciamento do Projeto).

Ele usa as informações do Registro das questões para gerar a seção relacionada aos problemas do projeto geralmente denominada "Pontos de Atenção".

Vide Registro das questões

Podemos considerar as Habilidades Interpessoais a ferramenta mais eficaz para gerenciarmos o engajamento das partes interessadas de um projeto?

Certamente, é uma das mais importantes. Por esse motivo, está relacionada nas ferramentas e técnicas do processo.

O gerente de projetos deve usá-las para adquirir credibilidade com as partes interessadas, solucionar conflitos agilmente, eliminar resistências etc.

Vide Habilidades interpessoais e de equipe.

Como e quando os processos de Gerenciar o Engajamento das Partes Interessadas e Monitorar o engajamento das Partes Interessadas devem ser utilizados? Como é acionado? Quando é acionado? Qual é o "disparador"? Nota: Eu, particularmente, não consigo ver esses tipos de processos na prática e acho que eles ocorrem de maneira bem transparente.

Em todo o ciclo de vida do projeto.

As estratégias definidas podem ser disparadas através de eventos.

Por exemplo, se alguém não comparecer em reuniões por duas vezes consecutivas, acionar pessoa que tem poder e influência sobre o ausente para intervir.

Como definir o limite da participação das partes interessadas, de modo que não passem a atrapalhar o andamento, mas auxiliem no cumprimento dos objetivos do projeto?

Uma boa prática é criar e divulgar uma matriz de responsabilidade RACI baseado na EAP do projeto para definir o que é esperado e até onde vai a participação de cada envolvido. Criar estratégia com pontos focais para centralizarem a ação de partes interessadas de algumas áreas pode reduzir a carga da equipe de gestão do projeto.

Saiba mais em: <https://escritoriodeprojetos.com.br/matriz-de-responsabilidades>.

Habilidades Interpessoais: Quando o texto se refere à "Superação da resistência à mudança", isso trata sobre o gerente ser mais acessível ou maleável a mudanças?

Não. Ele refere-se ao gerente de projetos usar suas habilidades interpessoais de modo a ouvir e dialogar com as pessoas mostrando onde as mudanças são benéficas, transformando pessoas resistentes em apoiadoras ao projeto.

No gerenciamento das partes interessadas, uma das saídas do processo é a atualização nos ativos de processos organizacionais. Porém, essa atividade não caberia à própria organização?

À medida que você trabalha com qualquer tipo de processo, incluindo os processos de gerenciamento de projetos, você identifica erros, melhorias nos processos e procedimentos da organização, gera informações importantes para outros projetos como as lições aprendidas etc. Tudo isso atualiza os Ativos de processos organizacionais e agrega valor para a operação e futuros projetos da empresa.

Qual o benefício do processo gerenciar o engajamento das partes interessadas?

Manter as partes interessadas engajadas durante todo o projeto reduzindo resistências e aumentando suporte ao projeto.

Vide Gerenciar o engajamento das partes interessadas

Como devemos proceder quando existe competição entre as partes interessadas? Seguir quem é mais coerente no projeto ou pela hierarquia?

Em primeiro lugar, avalie se não existe uma solução, na qual ambas as partes interessadas saiam satisfeitas. Muitas vezes, existem soluções que podem atender as duas partes.

Se não existir uma solução de consenso, avalie o impacto e os riscos potenciais de atender a primeira parte interessada e não atender a segunda, e vice-versa. Essa é uma análise de riscos e sempre envolverá incerteza na decisão. Importante tomar a decisão envolvendo os responsáveis, principalmente o patrocinador.

Além disso, os conflitos devem ser resolvidos buscando atender às necessidades mais aderentes aos objetivos do projeto e que agreguem o maior valor ao resultado esperado.

Engajar as partes interessadas dentro de um projeto, além de monitoramento e observações comportamentais, atividades de integração e dinâmicas em grupo são ferramentas que podem auxiliar na motivação e estimular a criatividade?

Claro. Se alguém está engajado, está disposto e motivado a colaborar e apoiar o projeto. As dinâmicas de grupo ajudam a equipe a perceber suas normas e comportamentos, facilitando a discussão das questões presentes, permitindo que combinem novas regras de interação, bem como apoiem na tomada de decisões.

Quando temos o objetivo de engajar as partes interessadas, fica notória a dificuldade de lidar com a "vaidade" das pessoas! Todos acreditam ser o fator gerador de sucesso do projeto! Como ter essa necessidade satisfeita sem ferir a vaidade de outra parte envolvida?

Todos querem se sentir importantes. Entregar um projeto no prazo e dentro do orçamento, atingindo os benefícios esperados e deixando os clientes e as partes interessadas satisfeitas depende de toda uma equipe.

Importante, inicialmente, entender as expectativas de cada parte interessada, principalmente daquelas priorizadas dentro da análise feita.

A partir daí você trabalhará para atender às expectativas das partes interessadas mais prioritárias para o projeto, sempre ressaltando o valor do grupo para o resultado, mas, também, o valor de cada indivíduo.

Como o gerenciamento do engajamento das partes interessadas pode aumentar as chances de sucesso do projeto?

Se ninguém estiver engajado no seu projeto, você não terá projeto.

9 Recursos adicionais

Os recursos adicionais correspondem a seleção do melhor do *site* escritoriodeprojetos.com.br sobre gerenciamento das partes interessadas do projeto usados como referência para o capítulo Passo a Passo para sua referência. Os *hyperlinks* podem ser encontrados em:

https://escritoriodeprojetos.com.br/gerenciamento-das-partes-interessadas-do-projeto.

Ferramentas das partes interessadas
Principais ferramentas usadas para gerenciar as partes interessadas:
- Análise de dados
    - Análise de partes interessadas
    - Análise de documentos
- Coleta de dados
    - Questionários e pesquisas
    - *Brainstorming*
    - *Benchmarking*
- Habilidades de Comunicação
    - Métodos de comunicação
    - Sistemas de gerenciamento da informação
- Habilidades interpessoais e de equipe
    - Habilidades interpessoais
    - Habilidades de gerenciamento
- Opinião Especializada
- Representação de dados
- Regras básicas
- Reuniões
- Tomada de decisão
    - Técnicas de tomada de decisão em grupo

Modelos/*Templates* de Gerenciamento de Projetos

Modelos das principais saídas dos processos de gerenciamento das partes interessadas:

- Registro das partes interessadas.xlsx
- Registro das partes interessadas v4 variaveis.xlsx
- Registro das partes interessadas versão Plano de Comunicacao.xlsx
- Plano de gerenciamento das partes interessadas.docx
- Registro e Plano de gerenciamento das partes interessadas.xlsx
- Registro das questoes.xlsx
- IssuesLog.xlsx
- Issues Log.docx: para detalhar cada questão, suas alternativas avaliadas e a forma como ela foi resolvida.

Exemplos das principais saídas dos processos de gerenciamento das partes interessadas:

- Registro das partes interessadas vGenerica.xlsx
- Registro das partes interessadas da reforma da casa
- Registro das partes interessadas do projeto negócio próprio
- Registro das partes interessadas exemplo-Plano de Comunicacao.xlsx
- Registro e Plano de gerenciamento das partes interessadas da reforma da casa
- Plano de gerenciamento das partes interessadas exemplo
- Plano de gerenciamento das partes interessadas do projeto negócio próprio
- Registro das questões da reforma da casa Aba Issues

Processos Gerenciamento das partes interessadas do Guia PMBOK® 6ª Ed.

- Identificar as partes interessadas;
- Planejar o engajamento das partes interessadas;
- Gerenciar o engajamento das partes interessadas;
- Monitorar o engajamento das partes interessadas.

Tabela 9.1 Entradas, Ferramentas e Saídas do Processo 13.1 Identificar as partes interessadas (Guia PMBOK®)

Entradas	Ferramentas	Saídas
Termo de abertura do projeto Documentos de negócio Plano de gerenciamento do projeto Documentos do projeto Acordos Fatores ambientais da empresa Ativos de processos organizacionais	Opinião Especializada Coleta de dados Análise de dados Representação de dados Reuniões	Registro das partes interessadas Solicitações de mudança Atualizações do plano de gerenciamento do projeto Atualizações de documentos do projeto

Tabela 9.2 Entradas, Ferramentas e Saídas do Processo 13.2 Planejar o engajamento das partes interessadas (Guia PMBOK®)

Entradas	Ferramentas	Saídas
Plano de gerenciamento do projeto Documentos do projeto Acordos Fatores ambientais da empresa Ativos de processos organizacionais	Opinião especializada Coleta de dados Análise de dados Tomada de decisão Reuniões	Plano de engajamento das partes interessadas

Tabela 9.3 Entradas, Ferramentas e Saídas do Processo 13.3 Gerenciar o engajamento das partes interessadas (Guia PMBOK®)

Entradas	Ferramentas	Saídas
Plano de gerenciamento do projeto Documentos do projeto Fatores ambientais da empresa Ativos de processos organizacionais	Opinião especializada Inspeção Habilidades de Comunicação Habilidades interpessoais e de equipe Regras básicas Reuniões	Solicitações de mudança Atualizações no Plano de gerenciamento do projeto Atualizações nos Documentos do projeto

154 Gerenciamento das partes interessadas

Tabela 9.4 Entradas, Ferramentas e Saídas do Processo 13.4 Monitorar o engajamento das partes interessadas (Guia PMBOK®)

Entradas	Ferramentas	Saídas
Plano de gerenciamento do projeto Documentos do projeto Dados de desempenho do trabalho Fatores ambientais da empresa	Análise de dados Tomada de decisão Representação de dados Habilidades de Comunicação Habilidades interpessoais e de equipe Reuniões	Informações sobre o desempenho do trabalho Solicitações de mudança Atualizações no Plano de gerenciamento do projeto Atualizações nos Documentos do projeto

Tabela das saídas dos processos de gerenciamento das partes interessadas com seus *templates*/modelos e exemplos

Tabela 9.5 Saídas dos processos de gerenciamento das partes interessadas com seus templates/modelos e exemplos

Saída	Modelo	Exemplo
Identificar as partes interessadas		
Registro das partes interessadas	Registro das partes interessadas.xlsx Registro das partes interessadas v4 variaveis.xlsx	Registro das partes interessadas da reforma da casa Registro das partes interessadas do projeto negócio próprio
Planejar o engajamento das partes interessadas		
Plano de gerenciamento das partes interessadas	Plano de gerenciamento das partes interessadas.docx Registro e Plano de gerenciamento das partes interessadas.xlsx	Plano de gerenciamento das partes interessadas exemplo Plano de gerenciamento das partes interessadas da reforma da casa Plano de gerenciamento das partes interessadas do projeto negócio próprio
Gerenciar o engajamento das partes interessadas		
Registro das questões	Registro das questoes.xlsx IssuesLog.xlsx Issues Log.docx: para detalhar cada problema, suas alternativas avaliadas e a forma como foi resolvido.	Registro das questões da reforma da casa **Aba Issues**

Mudanças da 5ª para a 6ª Edição do Guia PMBOK®

Dois nomes de processos foram alterados no sentido de padronizar e estar mais alinhado com as mudanças da 6ª Edição:

- Planejar o gerenciamento das partes interessadas mudou para planejar o engajamento das partes interessadas, reforçando a necessidade de engajamento dessas partes.
- Controlar o engajamento das partes interessadas para monitorar o engajamento das partes interessadas, reforçando a necessidade de monitorar de forma contínua o engajamento das partes.

Processos Gerenciamento das partes interessadas da 5ª Edição do Guia PMBOK®

- Identificar as partes interessadas;
- Planejar o gerenciamento das partes interessadas;
- Gerenciar o engajamento das partes interessadas;
- Controlar o engajamento das partes interessadas.

Tabela 9.6 Entradas, Ferramentas e Saídas do Processo 13.1 Identificar as partes interessadas (Guia PMBOK®)

Entradas	Ferramentas	Saídas
Termo de abertura do projeto Documentos de aquisição Fatores ambientais da empresa Ativos de processos organizacionais	Análise de partes interessadas Opinião Especializada Reuniões	Registro das partes interessadas

Tabela 9.7 Entradas, Ferramentas e Saídas do Processo 13.2 Planejar o gerenciamento das partes interessadas (Guia PMBOK®)

Entradas	Ferramentas	Saídas
Plano de gerenciamento do projeto Registro das partes interessadas Fatores ambientais da empresa Ativos de processos organizacionais	Opinião Especializada Reuniões Técnicas analíticas	Plano de gerenciamento das partes interessadas Atualizações nos Documentos do projeto

Tabela 9.8 Entradas, Ferramentas e Saídas do Processo 13.3 Gerenciar o engajamento das partes interessadas (Guia PMBOK®)

Entradas	Ferramentas	Saídas
Plano de gerenciamento das partes interessadas Plano de gerenciamento das comunicações Registro das mudanças Ativos de processos organizacionais	Métodos de comunicação Habilidades interpessoais Habilidades de gerenciamento	Registro das questões Solicitações de mudança Atualizações no Plano de gerenciamento do projeto Atualizações nos Documentos do projeto Atualizações nos Ativos de processos organizacionais

Tabela 9.9 Entradas, Ferramentas e Saídas do Processo 13.4 Controlar o engajamento das partes interessadas (Guia PMBOK®)

Entradas	Ferramentas	Saídas
Plano de gerenciamento do projeto Registro das questões Dados de desempenho do trabalho Documentos do projeto	Sistemas de gerenciamento da informação Opinião Especializada Reuniões	Informações sobre o desempenho do trabalho Solicitações de mudança Atualizações no Plano de gerenciamento do projeto Atualizações nos Documentos do projeto Atualizações nos Ativos de processos organizacionais

Apêndice

Índice das Tabelas

Tabela 2.1 Partes interessadas e seus interesses mais comuns 19

Tabela 3.1 Entradas, Ferramentas e Saídas do Processo 13.1 Identificar as partes interessadas (Guia PMBOK®) 29

Tabela 3.2 Exemplo de modelo de grau de interesse x poder e sua estratégia de resposta 40

Tabela 3.3 Processos relacionados com o Registro das partes interessadas 45

Tabela 3.4 Entradas, Ferramentas e Saídas do Processo 13.2 Planejar o engajamento das partes interessadas (Guia PMBOK®) 47

Tabela 3.5 Entradas, Ferramentas e Saídas do Processo 13.3 Gerenciar o engajamento das partes interessadas (Guia PMBOK®) 56

Tabela 3.6 Entradas, Ferramentas e Saídas do Processo 13.4 Monitorar o engajamento das partes interessadas (Guia PMBOK®) 67

Tabela 3.7 Critérios para priorizar estratégias de engajamento 71

Tabela 4.1 Suposições atrás das atitudes 81

Tabela 4.2 Possíveis resultados de atuação em situações de tensão 82

Tabela 5.1 Comportamentos e Recursos nas Fases da Mudança 114

Tabela 7.1 Arquivos do KIT Partes Interessadas 127

Tabela 8.1 Diferenças entre os processos Gerenciar e Monitorar o engajamento das partes interessadas 138

Tabela 8.2 Partes interessadas na Reforma da Casa dos Montes de Rocha e Possíveis reações 140

Tabela 9.1 Entradas, Ferramentas e Saídas do Processo 13.1 Identificar as partes interessadas (Guia PMBOK®) 153

Tabela 9.2 Entradas, Ferramentas e Saídas do Processo 13.2 Planejar o engajamento das partes interessadas (Guia PMBOK®) 153

Tabela 9.3 Entradas, Ferramentas e Saídas do Processo 13.3 Gerenciar o engajamento das partes interessadas (Guia PMBOK®) 153

Tabela 9.4 Entradas, Ferramentas e Saídas do Processo 13.4 Monitorar o engajamento das partes interessadas (Guia PMBOK®) 154

Tabela 9.5 Saídas dos processos de gerenciamento das partes interessadas com seus templates/modelos e exemplos 154

Tabela 9.6 Entradas, Ferramentas e Saídas do Processo 13.1 Identificar as partes interessadas (Guia PMBOK®) 155

Tabela 9.7 Entradas, Ferramentas e Saídas do Processo 13.2 Planejar o gerenciamento das partes interessadas (Guia PMBOK®) 155

Tabela 9.8 Entradas, Ferramentas e Saídas do Processo 13.3 Gerenciar o engajamento das partes interessadas (Guia PMBOK®) 156

Tabela 9.9 Entradas, Ferramentas e Saídas do Processo 13.4 Controlar o engajamento das partes interessadas (Guia PMBOK®) 156

Índice das Figuras

Figura 2.1 Partes interessadas 11

Figura 2.2 Características mais definidoras da complexidade em projetos adaptado de - Navigating Complexity (2013, p4)...13

Figura 2.3 Desafios para gerenciar e conectar as partes interessadas, adaptado de Navigating Complexity (2013, p3)..14

Figura 2.4 Quem são as partes interessadas? Adaptado de (PMI®, 2017, p. 53)...15

Figura 2.5 Nível de Engajamento 17

Figura 2.6 Poder e Interesse, adaptado de PMI (2013 p. 397)..................17

Figura 3.1 Processos do gerenciamento das partes interessadas do projeto 27

Figura 3.2 Identificar as partes interessadas 28

Figura 3.3 Termo de Abertura do Projeto...30

Figura 3.4 Plano de Gerenciamento do Projeto..32

Figura 3.5 Fatores ambientais da empresa 34

Figura 3.6 Ativos de processos organizacionais 35

Figura 3.7 Boas práticas para Reuniões 42

Figura 3.8 Registro das partes interessadas..44

Figura 3.9 Fluxo das solicitações de mudanças 45

Figura 3.10 Planejar o engajamento das partes interessadas...................47

Figura 3.11 Plano de Engajamento das Partes Interessadas....................53

Figura 3.12 Gerenciar o engajamento das partes interessadas................55

Figura 3.13 Habilidades interpessoais para engajamento das partes interessadas 59

Figura 3.14 Técnicas de Gerenciamento de conflitos 61

Figura 3.15 Negociação 62

Figura 3.16 Regras básicas do associado da escritoriodeprojetos.com.br.64

Figura 3.17 Registro das questões 65

Figura 3.18 Monitorar o engajamento das partes interessadas 67

Figura 5.1 Estratégia, Mudança, Projetos 103

Figura 5.2 Implementação X Instalação, adaptado de 'Change First' 104

Figura 5.3 Framework de referência adaptado 105

Figura 5.4 Adaptação de Iceberg da Mudança 112

Figura 5.5 Curva da Mudança adaptada 113

Figura 5.6 Tópicos abordados na comunicação, adaptado de "The Essential Role of Communication", PMI(2013 p. 6) 116

Figura 5.7 Formas de transmitir a comunicação, adaptado de "The Essential Role of Communication", PMI(2013 p. 6) 117

Figura 5.8 Mapa orientativo de Mensagem e Público 120

Figura 5.9 Níveis da Cultura, conforme Edgar Schein (Schein, 2007) 121

Índice Remissivo

Acordos, 29, 33, 47, 49, 95
Alinhamento estratégico, 103
Análise de alternativas, 70
Análise de Causa-Raiz, 70
Análise de dados, 29, 38, 47, 50, 67, 70
Análise de decisão, 71
Análise de documentos, 40
Análise de partes interessadas, 38
Análise de risco, 20
Aplicação dos processos, 129
Ativos de processos organizacionais, 29, 35, 47, 49, 56, 57, 67, 69
Autenticidade, 85
Autoempatia, 93
Brainstorming, 38, 133
Business Case, 31
Canais de Comunicação, 118
Classificar impacto, 39
Clientes do Projeto, 15
Coalizão administrativa, 108
Colaborar, 60
Coleta de dados, 29, 37, 47, 50
Coletar os requisitos, 45
Comunicação da liderança, 118
Comunicação da Visão, 109
Comunicação eficaz, 117
Comunicação não violenta, 84
Conexão empática, 93, 94
Conquistas a curto prazo, 110
Consciência cultural, 61, 73
Consciência política, 63, 74
Consolidação de ganhos, 110
Contrato, 33
Cultura, 111, 120
Cultura organizacional colaborativa, 35
Dados de desempenho do trabalho, 67, 68
Diferenças entre as pessoas, 79
Disponibilidade em ouvir, 119
Documentação dos requisitos, 33
Documentos de negócio, 31
Documentos do projeto, 29, 33, 47, 49, 56, 57, 65, 67, 68, 75, 155
Elevador de inferência, 92
Empatia, 93
Empoderamento, 109

Engajado, 5
Engajar pessoas, 5, 6
Equipe do Projeto, 16
Escritório de Projetos, 166, 168
Escuta ativa, 73
Escuta empática, 95
Estrutura organizacional funcional, 35
Estrutura organizacional projetizada, 34
Expectativas, 48, 55
Fatores ambientais da empresa, 29, 34, 47, 48, 49, 56, 57, 67, 69
Fatores críticos de sucesso, 21
Fontes de complacência, 107
Formação da equipe, 108
Fornecedor, 16, 22
Gerenciamento de conflitos, 60, 84
Gerenciamento de mudanças organizacionais, 104
Gerenciamento do valor agregado, 68
Gerenciar a absorção da mudança, 107
Gerenciar expectativas, 22
Gerenciar o engajamento, 55
Gerente de projeto, 16
Gestão das partes interessadas, 20
Habilidades de Comunicação, 56, 58, 67, 72
Habilidades interpessoais, 56, 67
Habilidades interpessoais e de equipe, 59, 73
Iceberg da Mudança, 112
Identificar as partes interessadas, 28, 29, 45, 52
Identificar os riscos, 45
Impacto, 39, 40
Impactos da mudança, 117
Imposição, 60
informações sobre o desempenho do trabalho, 75
interesses das partes interessadas, 18
Issue Log, 65
Julgamento e Observação, 87
Kit partes interessadas, 2
KIT Partes Interessadas, 127
Lidando com Conflitos, 79
Liderança, 73
Mapeamento dos envolvidos, 22

Medir a eficácia das comunicações, 119
Mensagens de mudança, 119
Métodos de comunicação, 58
Monitorar o engajamento, 67
Motivos de engajamento, 13
Mudança de paradigma, 85
Negociação, 60, 61
Networking, 73
Nível de engajamento, 16
Observação e conversas, 63
Opinião especializada, 29, 37, 47, 50, 56, 58
Ouvir sem julgamento, 22
Papel do patrocinador, 16, 20
Parafrasear, 95
Partes interessadas, 11
Partes interessadas mais importantes, 15
Patrocinador, 16
Pedidos, 96
Pesquisas, 37
Pessoas resistentes, 7
Planejar o engajamento da qualidade, 45
Planejar o engajamento das comunicações, 45
Plano de engajamento, 53
Plano de escalonamento, 55
Plano de gerenciamento de benefícios, 31
Plano de gerenciamento do projeto, 29, 32, 46, 47, 49, 56, 57, 65, 67, 68, 75
PMO, 166
Pontos críticos de sucesso, 12

Pontos de atenção, 21
Processos de gerenciamento, 27
Project Charter, 30
Quebrar a resistência, 47
Questionários, 37
Reações, 16, 39
Recuar, 60
Recursos nas Fases da Mudança, 114
Rede de relacionamentos, 73
Registro das mudanças, 33, 45
Registro das partes interessadas, 29, 33, 44
Registro das questões, 33, 65
Regras básicas, 56, 63
Relatórios de desempenho do trabalho, 75
Representação de dados, 29, 41, 67, 72
Resistência, 114
Reuniões, 29, 42, 47, 52, 56, 64, 67, 74
Senso de urgência, 107
Situações de tensão, 81
Solicitações de mudança, 29, 45, 56, 65, 67, 75
Stakeholders, 11
Suavizar, 60
Sucesso de projeto, 12
Suposições atrás das atitudes, 81
Técnica de grupo nominal, 72
Termo de abertura, 29, 30
Tomada de decisão, 47, 50, 67, 71
Transformação nos conflitos, 82
Visão da mudança, 117
Visão e Estratégia, 108
Votação, 72

Referências

Anon., 2010. *Dicionário da Lingua Portuguesa.* s.l.:Porto Editora.

Caspersen, D., 2016. *Mudando o tom da conversa.* Rio de Janeiro: Sextante.

Doran, G. T., 1981. There's a S.M.A.R.T. way to write management's goals and objectives. *Management Review,* 70(11), p. 35–36.

Echeverria, R., 2008. *Actos de Lenguage: la escuta.* Buenos Aires: Granica: Juan Carlos Saez Editor.

Fisher, R., Ury, W. & Patton, B., 1994. *Como chegar ao SIM.* Rio de Janeiro: Imago.

Glasl, F., 1999. *Auto-Ajuda em Conflitos.* São Paulo: Antroposofica e Adigo.

Goleman, D., 1995. *Inteligência Emocional.* Rio de Janeiro: Objetiva.

Grosman, C. F. & Mandelbaum, H. G., 2011. *Mediação no Judiciário: Teoria na prática e prática na teoria.* São Paulo: Primavera Editorial.

Kermally, S., 1997. *Management Ideas ... in brief.* Oxford: Reed Educational and Professional Publishing Ltd.

Kotter, J. P., 2002. *O coração da Mudança.* Rio de Janeiro: Campus.

Lasater, I., Kinyon, J. & Stiles, J., 2015. *From Conflict to Connection - Transforming Difficult Conversations into Peaceful Resolutions.* CA: Global Reach Books.

Lederach, J. P., 2012. *Transformação de Conflitos.* São Paulo: Palas Athena.

Maturana, H. & Varela, F., 2001. *A árvore do conhecimento: as fases biológicas da compreensão humana.* São Paulo: Palas Athena.

Miyashiro, M. R., 2011. *The Empathy Factor: Your Competitive Advantage for Personal, Team and Business Success.* CA: Puddle Dancer Press.

Montes, E., 2017. *Guia de Gerenciamento de Projetos.* [Online] Available at: https://escritoriodeprojetos.com.br/guia-de-gerenciamento-de-projetos

PMI - Project Management Institute, Inc, 2013. *Managing Change In Organizations: A Practice Guide.* Pennsylvania: PMI Book Service Center.

PMI®, P. M. I., 2013. *Guia PMBOK®: Um Guia para o Conjunto de Conhecimentos em Gerenciamento de Projetos.* Pennsylvania: Project Management Institute, Inc.

PMI®, P. M. I., 2015. *PMP Examination Content Outline.* Pennsylvania: Project Management Institute, Inc.

PMI®, P. M. I., 2017. *Guia PMBOK®: Um Guia para o Conjunto de Conhecimentos em Gerenciamento de Projetos.* Pennsylvania: Project Management Institute, Inc.

PMSURVEY.ORG, 2014. [Online] Available at: http://www.pmsurvey.org Acesso em 12/11/2015

Pulse of Profession, 2013. Navigating Complexity. 2013(sep 2013).

Pulse of Profession, 2013. The Essential Role of Communication. 2013(may 2013).

Pulse of Profession, 2017. Success Rates Rise - Transforming the high cost of low performance. 2017(feb 2017).

Relatos Selvagens. 2014. [Filme] Direção: Damian Szifrón. s.l.: Kramer & Sigman Films / El Deseo / Telefe Productions / Corner Contenidos.

Rose, K. H., 2005. *Project Quality Management Why, What and How.* s.l.:J. Ross Publishing Inc..

Rosenberg, M. B., 2006. *Comunicação Não Violenta : técnicas para aprimorar relacionamento pessoais e profissionais.* São Paulo: Ágora.

Schein, E. H., 2007. *Guia de Sobrevivência da cultura corporativa.* Rio de Janeiro: Olympio.

Sun-Tzu, 2002. *A arte da guerra.* São Paulo: Martins Fontes.

Ury, W., 2015. *Como chegar ao SIM com você mesmo.* Rio de Janeiro: Sextante.

Wolk, L., 2008. *Coaching: a arte de soprar brasas.* Rio de Janeiro: Qualitymark.

Os Autores

Eduardo Montes

Fundador da Escritório de Projetos, *site* com o melhor e mais completo conteúdo gratuito de gerenciamento de projetos do Brasil, que apoia a capacitação de 70.000 usuários (visitas únicas do *site*/mês).

Mais de 300 projetos entregues com mais de R$ 19 bilhões em investimentos.

PMP certificado desde 2005, quando iniciou sua atuação como PMO e como Professor de gerenciamento de projetos em cursos de MBA.

Mestrado em Administração de Empresas pela EAESP-FGV.

MBA Exchange University of North Carolina at Chapel Hill.

Bacharelado em Ciência da Computação pela UFSCar.

Especialista em Escritório de Projetos, Gerenciamento de Projetos e na capacitação de Gerentes de Projetos.

Tem como missão de vida "Capacitar as pessoas e as empresas a terem sucesso em seus projetos".

Fatima Patz

Mediadora de conflitos, *mentoring* de gerentes de projetos, facilitadora de trabalhos de equipe.

Possui mais de 25 anos de experiência em cargos executivos e de liderança de equipes. Conduziu projetos estratégicos em diversas áreas de negócio.

Atualmente, atua no desenvolvimento de equipes e lideranças com foco em facilitação de diálogos e construção de confiança, mediação de conflitos dentro dos diversos cenários do ambiente organizacional, preparação e sensibilização de áreas e equipes para mudanças organizacionais.

Realiza planejamento estratégico, gestão de *stakeholders* e *mentoring* para projetos de gestão de mudanças organizacionais.

Participa de projetos sociais com enfoque em Comunicação não Violenta e atua como mediadora e conciliadora de conflitos no CEJUSC - Jundiaí.

PMP certificada desde 2004. Graduada em Matemática pelo Centro Universitário Fundação Santo André, com especialização em Administração de Empresas pela FGV-SP, pós-graduada em Dinâmica dos Grupos pela Sociedade Brasileira de Dinâmica dos Grupos, Faculdade Fato. Formada em *coaching* pelo Instituto Ecosocial, mediadora de conflitos organizacionais pela Trigon - Ecosocial - IMO e mediadora de conflitos pelo Instituto D´Accord – CEBEPEJ – Open Mediação.

Tem como missão trabalhar por um mundo com melhores diálogos baseados em autenticidade e empatia, que fomentem cooperação e criatividade.

Saiba mais em Konversacio.

Agradecimentos

Eduardo Montes

Agradecimento especial à Fatima Patz, que aceitou meu convite para escrever o livro e aperfeiçoar as soluções existentes, e construir novas soluções para aumentar o engajamento das partes interessadas do seu projeto disponibilizadas de forma gratuita para você, leitor do livro.

Aos meus amigos, por serem meus parceiros de muitas ideias e realizações.

Aos autores[19] e especialistas[20] de gerenciamento de projetos que têm seus artigos divulgados em nosso *blog* e que são referências para o meu aprendizado e minha melhoria contínua, representados aqui pelos meus amigos Armando Terribili Filho, Cleber Ferreira, Fernando Rodrigues Teixeira Dias e Maria Célia Mitidiero.

Aos meus alunos, por me inspirarem a proporcionar o melhor aprendizado possível e, principalmente, por sua dedicação e participação dentro e fora de sala de aula.

Aos meus clientes, por usarem minhas soluções que apresento no livro e por contribuírem diretamente aperfeiçoando-as no dia a dia;

Aos Gerentes de Projetos da Comunidade da *Escritório de Projetos,* que contribuem gerando conteúdo e agregando valor para toda a comunidade;

Aos usuários da *Escritório de Projetos,* por seus comentários e solicitações.

Notas e *Hyperlinks* do *site* utilizados no Livro

---

[1] Essas soluções são gratuitas e podem ser baixadas no *link* https://escritoriodeprojetos.com.br/solucoes-gratuitas-de-gerenciamento-de-projetos

[2] Para participar do grupo e obter o *kit*, crie seu usuário no *site*, e envie um *e-mail* para eduardo@escritoriodeprojetos.com.br informando a data e o horário que adquiriu o livro.

[3] https://escritoriodeprojetos.com.br/analise-de-partes-interessadas

[4] https://escritoriodeprojetos.com.br/business-case

[5] https://escritoriodeprojetos.com.br/templates**Erro! Indicador não definido.**-de-plano**Erro! Indicador não definido.**-de-gerenciamento-de-projetos

[6] https://escritoriodeprojetos.com.br/registro-das-mudancas

[7] https://escritoriodeprojetos.com.br/registro-das-questoes

[8] https://escritoriodeprojetos.com.br/documentacao-dos-requisitos

[9] https://escritoriodeprojetos.com.br/estrutura-organizacional

[10] https://escritoriodeprojetos.com.br/planejamento#3.4.9

[11] https://escritoriodeprojetos.com.br/benchmarking

[12] https://escritoriodeprojetos.com.br/metodologia-pmo

[13] https://escritoriodeprojetos.com.br/analise-de-requisitos-da-comunicacao

[14] https://escritoriodeprojetos.com.br/gerenciamento-de-conflitos

[15] https://escritoriodeprojetos.com.br/associe-se

[16] https://escritoriodeprojetos.com.br/analise-de-decisao-envolvendo-criterios-multiplos

[17] https://escritoriodeprojetos.com.br/tecnica-de-grupo-nominal

[18] Para participar do grupo e obter o *kit*, adquira o livro, crie seu usuário no *site*, e envie um *e-mail* para eduardo@escritoriodeprojetos.com.br informando a data e horário que adquiriu o livro.

[19] https://escritoriodeprojetos.com.br/autor-em-gerenciamento-de-projetos

[20] https://escritoriodeprojetos.com.br/especialista-em-gerenciamento-de-projetos

www.ingramcontent.com/pod-product-compliance
Lightning Source LLC
Chambersburg PA
CBHW052254220526
45471CB00001B/334